COMO MANTER
A CALMA

COMO MANTER A CALMA
UM GUIA CLÁSSICO PARA LIDAR COM A RAIVA

SÊNECA

TRADUÇÃO
Leni Ribeiro Leite

SELEÇÃO E INTRODUÇÃO
James Romm

PREFÁCIO
Leandro Chevitarese

BIOGRAFIA E CRONOLOGIA DE SÊNECA
Marcus Reis Pinheiro

APÊNDICE: *SOBRE A CÓLERA*,
DE MONTAIGNE

APRESENTAÇÃO
Marco Lucchesi

TRADUÇÃO
Jorge Bastos Cruz

Editora
Nova
Fronteira

Título original: *How to keep your cool: an ancient guide to anger management*

Direitos de edição da obra em língua portuguesa no Brasil adquiridos pela EDITORA NOVA FRONTEIRA PARTICIPAÇÕES S.A. Todos os direitos reservados. Nenhuma parte desta obra pode ser apropriada e estocada em sistema de banco de dados ou processo similar, em qualquer forma ou meio, seja eletrônico, de fotocópia, gravação etc., sem a permissão do detentor do copirraite.

EDITORA NOVA FRONTEIRA PARTICIPAÇÕES S.A.
Rua Candelária, 60 — 7º andar — Centro — 20091-020
Rio de Janeiro — RJ — Brasil
Tel.: (21) 3882-8200

Imagem de capa: Jeppe Hove Iensen (Unsplash)

Dados Internacionais de Catalogação na Publicação (CIP)

S475c   Sêneca

        Como manter a calma: um guia clássico para lidar com a raiva / Sêneca; traduzido por Leni Ribeiro Leite. [Edição especial] – Rio de Janeiro: Nova Fronteira, 2022.
        96 p.; 12,5 x 18 cm (Clássicos para Todos)

        Título original: *How to keep your cool: an ancient guide to anger management*

        ISBN: 978-65-5640-575-9

        1. Desenvolvimento pessoal. I. Leite, Leni Ribeiro. II. Título

                                          CDD: 152
                                          CDU: 159 .942

André Queiroz – CRB-4/2242

CONHEÇA OUTROS
LIVROS DA EDITORA:

Sumário

Como manter a calma em nossa atual sociedade? 7

Introdução 11

Como manter a calma 17

Notas 58

Apêndice 65

    Diálogo 67

    Sobre a cólera 69

Biografia e cronologia de Sêneca 79

Como manter a calma em nossa atual sociedade?

Seria possível manter a calma no mundo contemporâneo? Corrupção, injustiças, discriminações, falta de mobilidade urbana, precariedade de serviços públicos, conflitos sociais, enfim, como lidar com tudo isso? Em uma sociedade que se alimenta da potencialização do desejo — força motriz do consumo, da busca por prazer e bem-estar — configurado em uma dinâmica tecnologicamente cada vez mais veloz, ainda somos capazes de contemplação e tranquilidade? Afinal, o que um filósofo do século I teria ainda a nos dizer sobre este tema?

Em seu tratado *Sobre a ira*, o ensaio de onde *Como manter a calma: um guia clássico para lidar com a raiva* é retirado, Sêneca nos oferece não somente uma cuidadosa investigação a respeito do tema, sinalizando suas devastadoras consequências para o indivíduo e para a sociedade, mas também nos sugere uma interessante reflexão sobre como podemos lidar melhor com nossas próprias emoções mais destrutivas.

Dificilmente pensamos na filosofia como uma prática médica. Todavia, não era raro que os filósofos da Antiguidade compreendessem sua atividade como uma forma de promover saúde. Sêneca elabora um diagnóstico do modo como a ira nos arrebata, prescrevendo aqueles que seriam os melhores remédios para evitá-la ou para lidar com ela conforme se faça presente — como um médico da alma.

Uma das raízes da fúria que pode acometer qualquer um de nós é, no fundo, o medo. A ira é um sintoma do pavor que sentimos diante do acontecimento de algo que se configura como uma ofensa ou injustiça. A causa imediata da ira é a percepção de que estamos sendo ultrajados ou injustiçados, e o desejo de punição ou retribuição daí decorrente.

Em primeira instância, deve-se evitar que a ira se instale e nos retire de nós mesmos — e vale lembrar que o filósofo a compreende como uma forma de loucura. Mesmo os indivíduos mais gentis podem tornar-se vítimas da ira, por isso deve-se estar atento aos seus sinais para corrigir-se imediatamente.

Para evitar que a ira nos domine, ou ainda, se manifeste, o principal remédio relaciona-se diretamente com nossa experiência do tempo. É preciso permitir-se um tempo de reflexão e elaboração dos acontecimentos. Cabe contextualizar o que foi dito ou feito, para que não nos deixemos arrebatar pela fúria. Caso uma discussão torne-se acalorada demais, suscitando a ira, deve-se interrompê-la imediatamente. Não há contenda se um dos lados abandona a disputa. Se a raiva nos domina, deve-se pensar que é mais ultrajante ao ofensor que não o considere digno de vingança. A indiferença será sempre uma retribuição mais dolorosa do que a vingança. Porém, melhor ainda é sequer reconhecer que tal ofensa ocorreu, pois neste caso nada há a desculpar ou vingar.

A dificuldade é que vivemos em uma sociedade tecnológica em que a velocidade tornou-se quase um dever moral. Ainda que os recursos tecnológicos otimizem nossas possibilidades em inúmeras atividades cotidianas e empresariais, por outro lado, a aceleração das dinâmicas relacionais, seja da convivência familiar, social ou profissional, tem produzido cada vez mais intolerância e radicalismos de todos os tipos. A comunicação digital e as redes sociais não nos convidam ao diálogo reflexivo. Por seu modo de operar, articulam-se como "mídias de afetos", pois nos impõem uma velocidade de reação e resposta que acaba por configurar uma dinâmica favorável às ondas de indignação, ódio e linchamento virtual. Alguém faz uma postagem, seguem-se comentários, e rapidamente algo banal parece-nos ofensivo e cruel, fomentando uma reação violenta. É necessário permitir-se tempo. Como o filósofo afirma: "o melhor remédio para a ira é o adiamento."

A atual necessidade de maximização do desempenho em todas as áreas da vida, fomentada não somente pelas demandas de performance econômica, mas acima de tudo potencializada pela hipervigilância das redes sociais, promove ansiedade e intolerância. Na contemporaneidade, exige-se socialmente que tal desempenho seja exposto em imagens a serem visualizadas, curtidas e comentadas no âmbito virtual, tornando-nos vítimas fáceis da frustração e da ira diante da incapacidade de atingir todos os padrões que nos são exigidos: saúde, beleza, felicidade, viagens, bens de consumo, realizações profissionais etc. É necessário tempo reflexivo para elaborar e ressignificar tais exigências e frustrações.

Além disso, como afirma Sêneca, "nós acreditamos facilmente no que odiamos ouvir e ficamos irados antes mesmo de pensar com calma". O filósofo, já em sua época, chama atenção para dificuldade de lidar com aquilo que em nosso cenário é a problemática das *fake news* — notícias falsas que são compartilhadas sem qualquer senso crítico, por mera indignação emocional. Falta-nos a habilidade de "espanto", de vivenciar a suspeita reflexiva que nos permitiria tomar como problema algo que se apresenta como "verdade". Desaprendemos a importância de preservar o "benefício da dúvida" em relação àqueles que acusam ou são acusados do que quer que seja.

A questão filosófica sobre as possibilidades de tranquilidade no mundo contemporâneo deveria nos fazer refletir também sobre o modo como educamos nossas crianças. Sêneca não hesita em chamar atenção para a problemática da educação e a importância do papel de pais e familiares nesse processo. Deve-se buscar sempre o "caminho do meio": não se pode jamais nutrir a ira, porém não se deve destruir o ânimo das crianças. Elogios não podem se converter em soberba, realizações não podem se transformar em ostentação, lazer não pode dar lugar à indolência e tolerância não pode abrir espaço para degradação. Acima de tudo, é preciso saber dizer a verdade e encontrar os momentos adequados para impor limites e dizer "não", pois, como afirma o filósofo: "aquele a quem nada nunca foi negado, de quem a mãe solícita enxugou cada lágrima, por quem um professor recebeu a culpa, não saberá lidar com ofensas."

E cabe refletir: o prazer e o conforto não tornam tudo que é algo diferente disso absolutamente intolerável? Acostumar-se às facilidades e comodidades da vida contemporânea nos torna mais vulneráveis à indignação.

Mas no fundo toda intolerância em relação ao erro alheio revela nossa incapacidade de reconhecer nossas próprias limitações e falhas. Irritamo-nos mais facilmente com aquilo que nós mesmos fazemos ou estamos sujeitos a fazer. Em geral, nossa ignorância ou arrogância é o alicerce de nossas manifestações de ira.

Em toda tradição estoica, da qual Sêneca é um importante representante, recomenda-se um exercício constante de premeditação dos acontecimentos. Sempre considere que algo ofensivo ou desagradável pode vir a acontecer. A antecipação dos piores cenários nos concede tranquilidade para o enfrentamento das adversidades, sejam elas quais forem. Como afirma o filósofo, "o espírito é forte diante dos males para os quais se preparou". Em última análise, a reflexão sobre a brevidade da vida e sobre nossa própria mortalidade pode nos tornar mais tolerantes e serenos diante de incidentes cotidianos. Pois, afinal, de que vale aborrecer-se diante da finitude da existência?

A questão é sempre o modo como lidamos com o que acontece, com o que é dito ou feito. É possível ofender-se com qualquer coisa, do mesmo modo que é possível não se deixar abalar por quase nada. Para Sêneca, acima de tudo, não deveríamos nos irritar com coisas pequenas, pois isto apenas sinaliza nossa pequenez de espírito. O valor de um ser humano em nada se relaciona com a ira, pois a grandeza de espírito mensura-se por nossa capacidade de manter a serenidade. Somente a partir da tranquilidade tornam-se possíveis ações dotadas de força e justiça. O problema é em que medida somos capazes de enfrentar com tranquilidade aquilo que é adverso ao nosso desejo. Enfim, segundo Sêneca, "só uma coisa pode nos tornar mais tranquilos: um pacto de gentileza mútua".

De fato, a melhor maneira de sermos o que somos e tomarmos as melhores decisões e ações, neste complexo mundo tecnológico e capitalista que se faz presente, depende da capacidade de nos afastarmos daquilo que nos retira de nós mesmos: a ira.

Leandro Chevitarese
Doutor em Filosofia (PUC-Rio), professor associado do departamento de Educação e Sociedade da UFRRJ e do Programa de Pós-Graduação em Filosofia da UFRRJ

Introdução

"A sua ira é um tipo de loucura, porque faz com que se dê muito valor a coisas pequenas." Sêneca, o Jovem, escreveu essas palavras em meados do século I d.C., quando o Principado Romano, o sistema de governo de um único homem inaugurado por César Augusto, chegava a sua quarta geração. Sêneca aparentemente endereçava essa consideração a seu irmão mais velho, Novato, mas na verdade a direcionava a todos os seus leitores romanos, e ela continua sendo uma poderosa mensagem nos dias de hoje, em uma era que continua lutando, mais do que algumas anteriores, contra as insanidades provocadas pela ira.

Para melhor compreender o que Sêneca quer dizer quando define a ira como um valor impreciso, tente o seguinte exercício. Lembre-se do último pequeno incidente que lhe deixou furioso. Talvez um motorista imprudente tenha ultrapassado você e o feito pisar fundo no freio, ou alguém tenha furado a fila na sua frente ou roubado uma vaga no estacionamento ou um táxi bem debaixo de seu nariz. Você foi ferido — mas será que foi mesmo? Você estava notavelmente pior um ou dois dias depois do ocorrido? O fato de que alguém o desrespeitou realmente *importou*, da mesma forma como o aquecimento global importa? Ou a ameaça de guerra nuclear? Ou o fato de as estrelas estarem se tornando buracos negros em outras partes de nossa galáxia, engolindo tudo a sua volta?

A justaposição do cotidiano frente à vastidão imensurável é uma das estratégias favoritas de Sêneca, especialmente em sua obra *Sobre a ira* (*De Ira*, em latim), o ensaio do qual este volume foi retirado. Seja mudando nossa perspectiva, seja expandindo nossa escala mental, Sêneca desafia nosso senso daquilo com que vale a pena se irritar, se é que existe. Orgulho, dignidade, vaidade — as raízes de nossa ira quando nos sentimos feridos — acabam parecendo vazios quando nos afastamos e observamos nossas vidas de certa distância: "Afaste-se um pouco e ria" (III.37). Os grandes modelos de sabedoria de Sêneca — Sócrates, o sábio mais venerado no mundo grego, e Catão, o Jovem, um senador do século anterior ao de Sêneca, no mundo romano — são vistos nesse ensaio levando cusparadas, apanhando e sendo esmurrados na cabeça sem expressarem ira e nem mesmo, ao que parece, sentindo-a.

Uma violação na sua pista preferencial no trânsito pode não importar, mas sua reação, *sim*, acreditava Sêneca. Na sua fúria momentânea na estrada, no seu desejo de buzinar, ferir ou *matar* o outro motorista, escondem-se grandes ameaças para a soberania da razão em sua alma, e, portanto, para sua capacidade de escolha certeira e ação virtuosa. A investida da ira é mais perigosa para sua condição moral do que a de qualquer outra emoção, pois a ira é, de acordo com Sêneca, a mais intensa, destrutiva e irresistível das paixões. É como pular de um precipício: a partir do momento em que a ira assume o controle, não há esperanças de deter a queda. Nossa saúde espiritual demanda que nós abandonemos a ira, ou então ela nunca nos abandonará.

Sêneca conhecia em primeira mão os perigos da ira. Quando ele enfim escreveu *Sobre a ira*, ou pelo menos a maior parte dessa obra, ele tinha testemunhado de sua posição privilegiada, como senador romano, os quatro anos do reinado sanguinário de Calígula. (Nós podemos dar outros nomes que não ira para as doenças de Calígula: paranoia, por exemplo, ou sadismo — mas Sêneca, defendendo seu entendimento, agrupa todas as crueldades do imperador sob o nome de *ira*.) Calígula teve grande influência em *Sobre a ira*; Sêneca frequentemente cita seu nome, mas também o evoca implicitamente quando associa a ira a instrumentos de tortura, a chamas e espadas, e ao conflito civil. O pesadelo dos anos de Calígula parece ter ensinado a Sêneca o grande preço da ira descontrolada, não apenas para a alma individual, mas também para todo o governo de Roma.

Era incomum em Roma que um filósofo e ensaísta moral ocupasse um assento no Senado, mas Sêneca era um homem incomum. Na juventude, estudou com professores que abraçavam o estoicismo, um sistema importado da Grécia que aconselhava o autocontrole mental e a adesão aos ditames da divina Razão. Ele escolheu seguir o caminho do estoicismo, mas não de maneira ortodoxa; como um autor maduro, bebeu da fonte de várias tradições filosóficas, ou evitou a teoria como um todo em favor de uma ética prática realçada por floreios retóricos. *Sobre a ira* é um bom exemplo: apenas parte do tratado, em especial a primeira metade, é claramente enraizada em princípios estoicos. A segunda parte, da qual grande parcela deste volume é retirada, lida com o problema da ira de modo mais pragmático, nos lembrando, em suas passagens mais banais, que não devemos sobrecarregar nossas agendas ou assumir tarefas em que provavelmente falharemos.

Julgando pela apresentação que ele próprio faz de si mesmo em seus escritos, Sêneca era um homem ensimesmado e introspectivo. Em uma das passagens traduzidas a seguir (3.36), ele descreve suas noites de revisão quase zen de suas próprias escolhas éticas — meditações tranquilas conduzidas no silêncio de seu quarto. No entanto, sabemos que Sêneca também apreciava a proximidade do poder e participava do jogo da política romana com entusiasmo, às vezes com resultados desastrosos. Por volta dos trinta anos, ele entrou no Senado romano, onde ganhou a reputação de orador original e convincente, mas sua eloquência só despertou a inveja do imperador Calígula, que supostamente o queria morto (mas acabou sendo assassinado antes que pudesse agir). No governo de Cláudio, sucessor de Calígula, Sêneca caiu sob suspeita novamente e foi exilado para a Córsega; a acusação contra ele, de adultério com uma das irmãs de Calígula, talvez tenha sido apenas um pretexto. Possivelmente *Sobre a ira* foi iniciado durante esse período de exílio.

Depois de oito anos na Córsega e de ter sua carreira política quase extinta, Sêneca foi chamado de volta a Roma em 49 d.C. para ocupar uma função muito importante: instruir e guiar Nero, então com 13 anos, filho adotivo e provável herdeiro de Cláudio. Com a ajuda de Agripina, outra irmã de Calígula e nova esposa de Cláudio, Sêneca tornou-se mais influente que nunca, e também bastante rico. Foi por volta dessa época que, possivelmente, completou *Sobre a ira* (nossa única pista consistente sobre a data de publicação é que Novato, a quem a obra é dedicada, mudou seu nome para Gálio no fim de 52 ou início de 53, então o tratado deve ter sido publicado antes disso). Talvez a obra tenha circulado em Roma para anunciar que o autor retornara e estaria entrando novamente no círculo íntimo do poder imperial — assim como um político moderno publicaria um livro de memórias antes de concorrer a um cargo superior.

A humanidade, no sentido de ser humano, é o tema central de *Sobre a ira*. Para enfrentar os impulsos da ira, aqui definidos como o desejo de punir, Sêneca nos lembra quanto nós, humanos, temos em comum — acima de tudo, nossa capacidade de perdoar. Entre monstros como Calígula e santos como Sócrates se encontra 99% da raça humana, todos pecadores, mas todos merecedores de clemência. "Vamos ser mais gentis uns com os outros", encoraja Sêneca, no apaixonado segmento final de seu tratado. "Somos maus, vivemos entre os maus. Só uma coisa pode nos tornar mais tranquilos: um pacto de gentileza mútua." Esse tema de uma falibilidade compartilhada subjacente ao contrato social é recorrente nos escritos de Sêneca, mas em nenhuma outra parte é expresso de forma tão clara ou grandiosa quanto nesse trecho.

Sêneca aplicou todo o seu formidável poder de retórica a *Sobre a ira*, por vezes impressionando os leitores com contos de crueldade grotesca, outras vezes animando-os com encorajamentos em direção à clemência, e finalmente assustando-os com o espectro da morte, a sombra absoluta que nunca esteve longe de seus pensamentos. Ele emprega seu famoso estilo de prosa sedutor, que nos deixa esperando cada palavra, transmitido aqui apenas com uma fidelidade muito parcial. (As passagens neste volume não representam "cada palavra", mas constituem menos de um terço de *Sobre a ira*.)

Sêneca terminou sua vida como vítima de uma ira que não pôde tranquilizar. O imperador Nero, após mais de 15 anos sob a tutela de Sêneca, foi se tornando cada vez mais instável e paranoico na metade dos anos 60 d.C., e a ira imperial voltou a crescer, como nos dias ruins de Calígula. Sêneca foi ligado a uma conspiração de assassinato por meio de evidências forjadas e forçado a cometer suicídio no ano de 65 d.C.

As complexidades da vida de Sêneca e a grande extensão de seus escritos o tornaram mais difícil de adotar atualmente do que os outros grandes estoicos que o seguiram, Epíteto e Marco Aurélio. Ainda assim, seu pensamento permanece, para alguns, como uma fonte de inspiração e um guia para a consciência moral. Na metade do século XX, o psicólogo Albert Ellis utilizou-se de Sêneca e outros estoicos para formular sua escola de terapia racional emotiva comportamental, e décadas mais tarde Michel Foucault usou a prática de Sêneca de introspecção diária como um modelo do que ele chamava de "cuidado de si". Sob esse modelo, o estoicismo antigo tem um papel salutar a cumprir no mundo moderno, enquanto buscamos remédios para os tantos males da alma, à noite no silêncio de nossos quartos.

O presente volume honra a ideia de que Sêneca não estava escrevendo apenas para a elite romana do tempo de Nero, mas para todas as pessoas de todas as eras. Em um período em que a ira prospera, ele tem muito a nos ensinar.

James Romm

COMO MANTER A CALMA

Sêneca constrói seu ensaio *Sobre a ira* como uma carta para seu irmão mais velho, Novato, um homem que, como o próprio Sêneca, havia entrado na política e se tornado senador. (Novato mais tarde mudaria o nome para Gálio após ser adotado por um patrono rico de mesmo nome, e aparece como Gálio no livro dos Atos dos Apóstolos como o governador romano da Grécia que lidou com o apóstolo Paulo em Corinto.) Esse destinatário único é, no entanto, apenas uma ficção, pois o ensaio é na verdade endereçado aos companheiros de Sêneca na elite romana e pode ser aplicado ainda mais amplamente nos dias de hoje.

(I.1) Você pediu a mim, Novato, que eu escrevesse sobre de que maneira a ira pode ser atenuada, e não me parece sem mérito que você tenha grande medo dessa paixão, pois é a mais terrível e violenta de todas. De fato, nas outras há algo de calmo e plácido, mas a ira é agitada e impetuosa, enfurecida por um desejo desumano de dor, de armas, de sangue, de suplícios; contanto que seja prejudicial aos outros, esquece de si mesma; se lançando contra sua própria lança, ela é ávida por uma vingança que arrasta consigo o vingador. Pois alguns dentre os homens sábios disseram que a ira é uma breve loucura; da mesma forma, ela é incapaz de se deter: esquece o que é apropriado, não se lembra dos relacionamentos, é persistente e apegada ao que começou, indiferente à Razão e aos conselhos, movida por motivos vãos, incapaz de observar o justo e o verdadeiro, muito parecida com ruínas que desmoronam por cima daquilo que esmagaram.

Para que você perceba de outra forma que os que são tomados pela ira não são saudáveis, observe a própria aparência deles; pois assim como existem sintomas próprios dos loucos (o rosto afoito e ameaçador, a feição infeliz, a face selvagem, o passo agitado, as mãos inquietas, a cor alterada, a respiração excessiva e mais ofegante), os sinais dos que se enraivecem são os mesmos: os olhos inflamam e brilham, grande é o rubor por todo o rosto, por causa do sangue que ferve dentro do peito, os lábios tremem, os dentes se cerram, os cabelos se arrepiam e se levantam, a respiração é forte e chiada; o estalo dos dedos se retorcendo, os gemidos e os lamentos, e a fala interrompida por palavras pouco claras, e as mãos que o tempo todo se chocam, e os pés batendo no chão e o corpo todo agitado e lançando enormes ameaças de ira,[1] e a face, feia de se ver e medonha, desfigurada e inchada. É difícil dizer se esse vício é mais detestável ou mais deformador.

É possível esconder e alimentar em segredo outras paixões: a ira se mostra no rosto, e quanto maior é, de forma mais evidente ferve. Não vê como todos os animais, assim que se lançam para atacar, mostram sinais, e seus corpos inteiros deixam a condição normal e tranquila e contorcem-se ferozmente? Espumam as bocas dos javalis, os dentes se tornam pontudos pelo atrito, os chifres dos touros se lançam contra o vazio e eles espalham areia com patadas, rugem os leões, inflam-se os pescoços das serpentes irritadas, infeliz é o aspecto das cadelas raivosas: não há animal tão horrendo e tão perigoso por natureza que, assim que a ira o tenha invadido, não fique aparente o aumento de ferocidade. Mas eu sei que também outras paixões mal podem ser ocultadas, que a luxúria e o medo e a audácia dão seus próprios sinais e podem ser reconhecidos; e que na verdade nenhuma agitação veemente nos toma sem provocar nada no rosto. Qual, então, é a diferença? Enquanto as outras paixões são aparentes, esta é saliente.

(I.2) Mas se você de fato observar seus efeitos e danos, verá que nenhuma peste foi mais prejudicial para a espécie humana. Você vai ver calamidades e venenos e mútuas acusações entre litigantes, e a destruição de cidades, e a ruína de povos inteiros, e as vidas de líderes vendidas em mercados públicos,[2] e tochas lançadas em casas, e chamas não restritas ao interior das muralhas, mas enormes extensões de território queimando sob o fogo inimigo.[3] Observa as pedras fundamentais de cidades tão famosas, que agora mal podem ser vistas: a ira as destruiu. Observa os desertos despovoados por muitas milhas, sem habitantes: a ira os consumiu. Observa quantos líderes ficaram na memória como exemplos de má sorte: um, a ira perfurou em seu próprio quarto; outro, ela abateu durante os sagrados ritos da mesa; outro, ela despedaçou em frente às cortes e diante do fórum cheio de gente; a outro, ela ordenou ofertar seu sangue a um assassinato perpetrado pelo próprio filho; de outro, mandou abrir o pescoço real pela mão de um escravo; de outro, estender os braços na cruz.[4] E até aqui falo apenas de suplícios individuais: o que dizer se, além daqueles que a ira queimou um a um, você quiser observar as assembleias inteiras passadas na espada, e o povo trucidado por soldados enviados contra ele, e povos inteiros condenados a morrer em matanças indiscriminadas?

Existe uma lacuna no texto em latim após a frase anterior. Como sabemos por outras fontes, no texto que falta, Sêneca define a ira como o desejo de punir um erro real ou subjetivo. Essa definição será importante na discussão posterior sobre como a ira pode ser impedida ou moderada.

(I.7)[5] Mas podem perguntar: mesmo que não seja natural, a ira não pode ser adotada, já que é útil? Afinal, ela eleva o espírito e intensifica o ânimo, e sem ela a coragem não faz nada de magnífico na guerra, a não ser que seja acendido um fogo aqui e uma agulhada não tenha estimulado ali e lançado os audaciosos aos perigos. Por isso alguns acham melhor moderar a ira, e não a eliminar, reduzindo o que é exagerado, restringindo-a a uma medida saudável, e manter aquela parte sem a qual a ação fica apática e a energia e o vigor do espírito se perdem. Primeiro, é mais fácil excluir os sentimentos perniciosos do que governá-los, é mais fácil não permitir que entrem do que segurá-los depois de terem entrado; pois, uma vez que tenham estabelecido posse, são mais poderosos do que seus supervisores,[6] e não aceitam ser cortados ou diminuídos. Além disso, a própria Razão, que segura as rédeas, mantém seu poder apenas enquanto se mantém separada das paixões; se ela se misturar e se contaminar com elas, não consegue mais deter o que antes teria podido remover. Portanto, uma vez agitada e abalada a mente, ela passa a ser escrava do que a arrasta. Em algumas situações, o início está em nosso poder, os estágios posteriores nos levam com sua força e não permitem voltar. Assim como corpos jogados no precipício não têm nenhum poder sobre si e não podem resistir ou deter sua queda, pois a descida irremediável exclui todo pensamento e arrependimento e é impossível não chegar ao lugar para onde antes teria sido possível *não* ir; assim também a alma, se ela se lançou na ira, no amor e em outras paixões, não pode reprimir o impulso; inevitavelmente o seu próprio peso e a natureza baixa de seus vícios a arrebatam e levam ao fundo.

(I.8) O melhor é repelir imediatamente a primeira pontada da ira, combater suas próprias sementes e prestar atenção para não cairmos nela. Pois, uma vez que ela nos golpeou, é difícil retornar à saúde e à segurança; não há mais espaço para a Razão uma vez que a paixão tenha entrado e se lhe tenha dado algum direito. A partir daí, ela vai fazer o que quiser, não o que você permitir. Eu digo que, logo de início, é preciso combater o inimigo ainda nas fronteiras; pois, depois que ele entrou e passou pelos portões, não aceita limitações vindas de seus prisioneiros. A alma não é mais algo à parte, observando as paixões à distância para não permitir que elas avancem mais do que devem, mas ela mesma se transforma na paixão e, já entregue e enfraquecida, não pode recuperar sua força útil e saudável.

(I.12) "Como assim?", alguém diz.[7] "Um homem bom não pode ficar furioso, mesmo se seu pai for assassinado, se sua mãe for estuprada?" Não ficará furioso, mas os vingará, mas os protegerá. Ou por acaso você pensa que seu dever como filho não será um estímulo suficiente sem a ira? Ou você pode também dizer: "Como assim? Um homem bom não vai chorar nem se abater quando vir ser seu pai ou seu filho cortado em pedaços?"[8] O homem bom vai cumprir com seus deveres sem confusão, sem medo; e assim, vai agir dignamente, como um homem *bom*, sem fazer nada indigno de um *homem*. Se meu pai for atacado, eu vou defendê-lo; se foi assassinado, vou vingá-lo, mas porque é o correto, não porque eu estou sofrendo... Irar-se pelos seus familiares não é próprio de uma alma leal, mas de uma alma fraca; o que é belo e digno é apresentar-se como protetor de seus pais, filhos, amigos, cidadãos, levado pelo próprio dever, por sua vontade, de forma judiciosa e precavida, não impulsiva e raivosa.

De fato, não há paixão mais desejosa de vingança do que a ira e, por isso mesmo, mais incapaz de se vingar; afobada e descuidada, como em geral toda cobiça, ela mesma é obstáculo para aquilo que deseja alcançar.

(I.15) Nada convém menos a alguém que deve punir do que a ira, pois um castigo é mais proveitoso para a correção se ele é dado de forma ponderada.[9] É por isso que Sócrates diz ao seu escravo: "Eu te arrebentaria, se não estivesse furioso." Ele adiou a punição do escravo para um momento mais equilibrado; naquele momento, ele repreendeu a si mesmo. Quem então conseguiria manter uma paixão contida, se nem mesmo Sócrates ousou se entregar à ira?

(I.20) E nem se deve de fato considerar que a ira confira alguma coisa à grandeza do espírito. Pois isso não é grandeza: é um inchaço; assim como uma doença, nos corpos com excesso de líquido nocivo, não é um crescimento, mas uma abundância doentia. Todos os que são levados acima dos pensamentos próprios de um homem por sua alma insana acham que respiram alguma coisa elevada ou sublime; mas não há nada sólido por baixo, e as coisas que se criam sem fundamentos são propensas a cair em ruínas. A ira não tem nada em que se apoiar; ela não nasce de nada firme ou durável... "Como assim? Não há certas frases que são ditas por pessoas iradas que parecem vir de um grande espírito?" Assim parece para os que desconhecem da verdadeira grandeza, tal como aquela expressão ominosa e abominável: "Que eles me odeiem, contanto que me temam."[10] Você acha que isso foi dito por um espírito grandioso? Você está errado; isso não é grandiosidade, e sim monstruosidade.

Não existe razão para acreditar nas palavras dos irados, que fazem muito barulho, são ameaçadores, porque no interior estão apavorados. E nem existe razão para considerar verdadeira a frase dita em Tito Lívio, autor muito talentoso: "Um homem de grande espírito, mas não bom."[11] Não é possível separar essas coisas: ou também se é bom, ou não se é grande, porque acredito que a grandeza de espírito é inabalável, não só sólida por dentro, mas também justa e estável desde a base, coisa que não pode existir em espíritos maldosos. De fato, *podem* existir coisas terríveis, turbulentas e maléficas, mas elas não vão ter grandiosidade, porque seus fundamentos são a força e a bondade. Pela sua fala, pelos seus esforços e pela aparência externa, darão a *ilusão* de grandeza; eles vão dizer coisas que vão fazer você pensar que vêm de um grande espírito, como Calígula, que, irritado com o céu, porque os trovões atrapalhavam as pantomimas (que ele mais imitava do que assistia) e porque seus companheiros se aterrorizavam com os relâmpagos (pena que não os acertavam), chamou Júpiter para a briga, certamente sem efeito, gritando aquele famoso verso de Homero: "Ou me levas, ou eu te levo!"[12] Que maluquice! Ou ele achou que não podia ser prejudicado nem mesmo por Júpiter, ou que ele podia prejudicar até Júpiter! Não acho que essa frase tenha tido pouco impacto na mente dos conjurados,[13] pois pareceu a eles o cúmulo da paciência aguentar um homem que não aguentava Júpiter!

(I.21) Não há, portanto, nada de grande na ira, nada de nobre, nem mesmo quando parece enérgica ou quando despreza deuses e homens. Ou se parece para alguém que a ira produz um grande espírito, assim também deve considerar a extravagância, que quer se sentar sobre o marfim, vestir-se de púrpura, cobrir-se de ouro, mover terras, fechar mares, criar cascatas, erguer florestas no ar.[14] Assim também deve considerar própria de um grande espírito a avareza, que se deita sobre pilhas de ouro e prata, e possui campos do tamanho de províncias, e sob cada um de seus capatazes detém propriedades com limites maiores do que os que os cônsules gerenciam.[15] Também a luxúria pareceria vinda de um grande espírito, pois ela atravessa canais a nado, castra multidões de meninos,[16] põe-se sob a espada do marido, desprezando a morte... Tudo isso, não importa o quão longe vão ou se estendam, são estreitas, miseráveis, desprezíveis; apenas a virtude é sublime e elevada, nem nada é grandioso a não ser que esteja também em paz.

Tendo lidado até aqui com a ira em sua forma abstrata — sua definição e suas qualidades —, na segunda metade de seu tratado Sêneca se volta para uma discussão pragmática sobre como impedir que a ira nos tome, e como lidar com ela quando isso acontece. Ele primeiro aconselha os pais sobre como criar filhos que não se tornem adultos propensos à ira.

(II.18) Como já tratamos das perguntas sobre a ira, vamos passar aos remédios. Conforme acredito, eles são dois: não ficarmos irados e, estando irados, não cometermos erros. Assim como no cuidado do corpo algumas terapias tratam de manter a saúde e outras de restituir a saúde, também de uma forma devemos evitar a ira, de outra forma reprimi-la. Para evitá-la, daremos alguns conselhos em relação ao todo da vida, dividindo-os em "sobre a educação das crianças" e "o que vem depois".

A educação demanda o máximo de esforço, e dela vem enorme proveito futuro, pois é fácil moldar os espíritos ainda jovens, mas dificilmente são extirpados vícios que cresceram conosco.

(II.21) Eu tenho certeza de que vai ser um grande benefício se as crianças forem desde o início educadas de forma saudável; mas é um programa difícil, porque devemos prestar atenção para nem nutrir nelas a ira, nem destruir seu ânimo. A questão demanda observação cuidadosa, pois tanto aquilo que se quer estimular quanto aquilo que se quer reprimir são alimentados de forma semelhante, e por isso facilmente enganam mesmo quem está atento. O espírito cresce com a liberdade, se encolhe com a escravidão; se levanta quando é elogiado e levado a se valorizar, mas essas mesmas ações podem gerar insolência e irritabilidade. Por isso, é preciso encontrar o caminho do meio, às vezes puxando o freio, às vezes usando as esporas. Não se deve permitir à criança nada humilhante ou servil; que não seja necessário a ela pedir as coisas como um suplicante e, caso o faça, que não ganhe nada com isso; ao contrário, que lhe sejam dadas coisas em razão não só de suas ações anteriores como de boas promessas para o futuro.

Em competições com seus colegas, não devemos permitir que a criança seja derrotada ou que fique com raiva; façamos um esforço para que ela seja próxima daqueles com quem costuma competir, para que se acostume a querer vencer, mas não machucar os outros. Sempre que ela se superar e fizer alguma coisa digna de elogio, que seja permitido a ela levantar a cabeça, mas não se vangloriar, pois à alegria se segue o regozijo, e ao regozijo se segue a ostentação e a autoestima exagerada. Deve-se dar a ela algum lazer, mas não a tornar fraca pela indolência e pela preguiça, e deve-se mantê-la longe do contato com os prazeres, pois nada cria mais pessoas raivosas do que uma educação complacente e aberta. Assim, quanto mais somos indulgentes com um filho único e quanto mais for permitido a um órfão, mais corrupto será seu espírito. Aquele a quem nada nunca foi negado, de quem a mãe solícita enxugou cada lágrima, por quem um professor recebeu a culpa, não saberá lidar com ofensas. Você não vê como quanto maior a fortuna, maior é a ira que a acompanha? Ela aparece principalmente nos ricos e nos nobres e nos que ocupam altos cargos porque qualquer coisa leve e boba que lhes dá na ideia se move como um navio com vento favorável. A prosperidade alimenta o temperamento irado, quando uma multidão de puxa-sacos sussurra nos ouvidos arrogantes: "Você vai deixar *ele* responder assim? Você não está agindo à altura da sua posição, você está se rebaixando!", e outras coisas a que mesmo mentes saudáveis, apoiadas em bons hábitos desde cedo, teriam dificuldade em resistir.

Por isso a infância deve ser afastada do excesso de elogios: que a criança ouça a verdade. É bom que às vezes ela tenha medo, sempre seja respeitosa, e se levante para os mais velhos. Ela não deve receber nada quando ficar raivosa: deve-se negar à criança chorosa o que é oferecido à que ficou quieta. E as riquezas dos pais devem estar à vista, mas não à disposição. As suas ações más devem ser repreendidas. É importante para o objetivo que lhe sejam oferecidos professores e cuidadores tranquilos, pois tudo o que é jovem se adapta ao que lhe é próximo e cresce semelhante a ele; rapidamente os hábitos dos adolescentes se parecem com os de seus cuidadores e de seus professores.

Um menino criado na casa de Platão, depois retornando para a casa de seus pais, ao ver seu pai gritando, disse: "Nunca vi isso na casa de Platão."[17] Não tenho dúvidas de que ele mais rápido imitou seu pai do que Platão.

Mais importante de tudo é que a alimentação da criança seja moderada e que sua roupa não seja luxuosa e que sua cultura seja semelhante à de seus iguais. Ela não vai ficar furiosa ao ser comparada com outras se desde o início perceber que é igual a muitos.

Sêneca passa da educação de crianças para o caso dos adultos, cujo temperamento já está completamente formado. Apoiando-se em sua definição inicial da ira como o desejo de punir um erro subjetivo, Sêneca explora as várias formas pelas quais podemos impedir o sentimento de que fomos injustiçados. Essa discussão o leva a algumas formulações notáveis sobre a falibilidade universal da raça humana e o imperativo que isso cria para estender a clemência sobre os transgressores.

(II.22) Mas isso é o que diz respeito aos nossos filhos; quanto a nós, a sorte de nosso nascimento e a de nossa educação já não dão mais oportunidade para erro nem para conselho: devemos falar do que vem a seguir.

Logo, como devemos lutar contra as causas primeiras, a causa da ira é a impressão de ter sido injustiçado, na qual não se deve acreditar facilmente. Não se deve crer de imediato em sinais, mesmo claros e óbvios, porque muitas vezes coisas falsas parecem verdadeiras. Sempre se deve dar um tempo: às vezes um só dia traz a verdade. E não sejam nossos ouvidos fáceis de acessar para os acusadores; mas que esse erro humano seja por nós notado e sempre suspeitado: nós acreditamos facilmente no que odiamos ouvir e ficamos irados antes mesmo de pensar com calma.

Por isso, é preciso defender a causa do réu ausente, a despeito de nós mesmos,[18] e nossa ira deve ser contida. Porque se pode aplicar um castigo com atraso, mas não se pode revogar o que já foi aplicado.

(II.24) A credulidade produz grande parte da maldade. Muitas vezes é melhor nem mesmo ouvir, pois em algumas situações é melhor ser enganado do que ficar desconfiado. A suspeita e a dúvida, esses estímulos mais falseadores, devem ser arrancados da alma: "Ele me saudou com pouca cortesia; ele não se demorou no beijo; ele terminou a conversa abruptamente; ele não me convidou para o jantar; eu acho que ele virou a cara para mim." Não vai faltar argumento para a suspeita: é melhor ser simples e ver as coisas com espírito benevolente. Não devemos acreditar em nada além do que podemos ver com nossos próprios olhos, de forma evidente, e sempre que nossa suspeita for vazia, devemos repreender nossa credulidade, pois o castigo vai criar em nós o hábito de não acreditar em tudo facilmente.

(II.25) Daí também se segue que não devemos nos irritar com as coisas menores e mais irrelevantes. Se seu escravo é lerdo ou a água que você está prestes a beber está morna ou sua cama está desarrumada ou a mesa não foi posta direito: se irritar por essas coisas é maluquice. É gente doente, ou de saúde fraca, que se encolhe por qualquer ventinho leve; gente de olhos fracos que se ofusca com uma roupa branca; pessoas mal-acostumadas pelo luxo, de quem as costas doem só de ver outra pessoa fazendo esforço.

Conta-se de um tal de Mindíride, da cidade dos Sibaritas, que, vendo alguém cavando e levantando a enxada bem alto, reclamou que *ele* ficava cansado só de ver e o proibiu de trabalhar diante dele. Ele é o mesmo que reclamou de ter ficado indisposto por ter se deitado em cima de pétalas de rosas dobradas. Uma vez que os prazeres tenham corrompido tanto a alma como o corpo, nada mais é tolerável, não pelas tarefas difíceis, mas porque quem as faz é mole. Qual é de verdade a razão para que a tosse de alguém ou um espirro ou uma mosca afastada sem cuidado nos dê tanta raiva, ou um cachorro no nosso caminho, ou uma chave que escorregou da mão de um escravo desatento? Como ele vai suportar com calma os insultos da cidade ou os xingamentos lançados na assembleia popular ou no fórum, se seus ouvidos são ofendidos pelo barulho de uma cadeira arrastada? Como ele vai suportar a fome e a sede de uma expedição militar no verão, se se irrita com um escravo que não misturou bem o gelo?[19] Na verdade, nada alimenta mais a fúria do que o luxo esbanjador e impaciente; a alma deve ser tratada com dureza, para que não sinta nenhum golpe, a não ser o mais pesado.

(II.26) Nós ficamos furiosos ou com as pessoas que podem nos machucar, ou com as que não podem. Dos primeiros, alguns não têm espírito, como um livro, que muitas vezes jogamos fora porque as letras são muito pequenas, ou rasgamos porque tem muitos erros, ou como as roupas que rasgamos porque não nos agradam. Que estupidez, ter raiva de coisas que nem merecem nossa ira, nem a sentem! "Mas naturalmente aqueles que as produziram são quem nos ofendem!" Primeiro, em geral nos irritamos antes que nós mesmos façamos essa distinção. Além disso, talvez os próprios artesãos tenham desculpas justas: um não sabia fazer melhor do que fez, nem teve pouca educação para afrontar você; outro não fez isso para ofender. Por fim, o que é mais louco do que despejar contra coisas inanimadas a ira guardada contra pessoas? Assim como se irritar contra coisas que não têm alma é a marca de um louco, também contra os pobres animais, que não nos causam insulto porque não podem ter essa intenção (não há de fato insulto que não seja causado com intenção).

(II.28) Se queremos ser juízes imparciais em todos os assuntos, primeiro precisamos nos convencer disso: entre nós não há ninguém sem culpa. Pois a maior indignação nasce dessa atitude: "Não errei em nada", "Não fiz nada". Na verdade, você não *admite* nada. Nós nos indignamos porque recebemos algum aviso ou punição, mas exatamente naquele momento estamos cometendo um erro ao acrescentar arrogância e presunção às nossas falhas. Quem é que se pode proclamar inocente perante todas as leis? E mesmo que assim fosse, que definição estreita de inocência ser bom apenas perante as leis! Quão mais amplo é o tamanho dos nossos deveres do que apenas o dos direitos! Quantas outras coisas nos são exigidas pela piedade, pela humanidade, pela generosidade, pela justiça, pela lealdade, todas coisas que estão fora dos códigos legais!

Mas não podemos nos ater nem mesmo a essa definição mais estrita de inocência:[20] fizemos uma coisa, outra foi a que pensamos; escolhemos uma coisa, favorecemos outra. Algumas vezes somos inocentes só porque não tivemos sucesso. Pensando nisso, sejamos mais calmos com os que erram, confiemos nos que nos repreendem. Não nos irritemos com as pessoas boas (afinal, com quem não nos irritaremos, se nos irritamos até com os bons?)... Vai-se dizer que alguém falou mal de você; pensa se você não o fez primeiro, pensa de quantos outros você fala mal. Eu peço que pensemos que algumas pessoas não nos ofendem, mas devolvem a ofensa; que algumas o fazem, mas pelo nosso bem; que algumas o fazem obrigadas; algumas o fazem sem saber; que mesmo as que o fazem por querer e com consciência, ao nos ofender não buscam somente a ofensa: ou se deixaram levar por uma brincadeira, ou o fizeram não para se opor a nós, mas porque não podiam alcançar seu objetivo sem passar por cima de nós.[21] Muitas vezes a bajulação, ao mesmo tempo que elogia, ofende.

Aquele que se lembrar de quantas vezes suspeitou injustamente de como às vezes a sorte revestiu de ofensa o que acabou por ser um favor, de quantas pessoas ele começou a amar depois de odiá-las, não conseguirá se irritar rapidamente, em especial se disser para si mesmo, em silêncio, a cada vez que se sentir ofendido: "Eu também já fiz isso."

Mas onde você vai encontrar um juiz tão imparcial? O mesmo homem que cobiça toda mulher casada e considera que o fato de ela ser a esposa de outro é razão suficiente para amá-la é o que não quer que sua própria esposa seja observada; o que mais exige a sua lealdade é o traidor, e o próprio mentiroso é o caçador de mentiras, e o caluniador não tolera ser processado por calúnia; o senhor que não quer que se atente contra a castidade de seus escravos é o que não mantém o pudor ele mesmo. Temos diante dos olhos os vícios alheios, os nossos estão nas nossas costas; por isso um pai pior que o filho recrimina os seus longos banquetes, e o homem que nada negou a si mesmo nada perdoa da extravagância alheia, e o tirano se enfurece contra o assassino, e aquele que furta dos templos é quem pune os roubos. A maior parte dos homens não se irrita com os erros, mas com aqueles que erram. Pensarmos sobre nós mesmos nos tornará mais controlados, se nos perguntarmos: "Nós também por acaso não fizemos algo semelhante? Não erramos da mesma forma? Condenar tais coisas é benéfico para nós?"

(II.29) O melhor remédio para a ira é o adiamento. Peça à ira, de início, não que perdoe, mas que pare e pense: os primeiros impulsos dela são fortes, mas desaparecem, se você esperar. Mas não tente eliminá-la toda de uma vez; ela será totalmente vencida se for minada por partes.

Das coisas que nos irritam, umas são contadas para nós, outras nós mesmos ouvimos e vemos. Quanto às que nos são contadas, não devemos acreditar imediatamente: muitos mentem para nos enganar, muitos porque foram enganados... Se você julgar uma causa mesmo sobre uma pequena quantia, o caso não prosseguiria sem uma testemunha, e uma testemunha que não prestasse juramento não seria considerada, e você daria direito de defesa a ambas as partes, você daria tempo, não as ouviria uma vez só. Mais brilha a verdade quanto mais ela circula em nossas mãos.[22] Então por que você condena um amigo imediatamente? Antes mesmo de ouvi-lo, antes mesmo de interrogá-lo, antes mesmo que ele tome conhecimento de seu acusador ou de seu crime, você se enfurece contra ele? Você ao menos ouviu o que ambos os lados têm a dizer?

(II.30) De algumas ofensas, porém, nós mesmos somos testemunhas: nesses casos, devemos investigar a natureza e as intenções daqueles que o fazem. Se é seu filho, considere sua idade, ele não sabe que está errado. Se é seu pai, ou ele foi tão bom para nós que tem o direito de nos ofender, ou talvez seja um bem para nós que nos ofenda. Se é sua mulher: foi um engano.[23] Se ele recebeu uma ordem: quem a não ser um homem injusto se irrita contra o que é necessário? Se ele foi ofendido: não é uma ofensa sofrer o que você praticou primeiro. Se ele é um juiz: confie mais na sentença dele do que na sua. Se ele é um rei: se ele pune um culpado, aceite a justiça; se ele pune um inocente, aceite o destino.[24] Se é um animal bruto ou semelhante: ao se irritar, você se parece com ele. Se é uma doença ou uma catástrofe: ela passará mais rápido por quem se segurar. Se é um deus: é perda de tempo tanto se irritar com ele quanto pedir que ele se irrite com outra pessoa. Se é um bom homem quem o ofende: não acredite. Se é um mau: não se surpreenda: ele vai pagar a outro o que deve a você,[25] e quem agiu mal já está de fato punindo a si mesmo.[26]

(II.31) Há dois elementos, como disse antes, que estimulam a ira: primeiro, se nos parece termos sido ofendidos (e disso já falamos o suficiente); segundo, se nos parece termos sido ofendidos injustamente, e sobre isso ainda há o que se falar. As pessoas consideram as coisas injustas se elas não deveriam tê-las sofrido, ou, em alguns casos, quando elas não esperavam. Consideramos injustas as coisas que são imprevistas, e por isso nos afetam em especial as que ocorrem contra nossas esperanças e expectativas; esse é o motivo por que os menores problemas dentro de casa nos irritam, e chamamos ofensa um esquecimento entre amigos. "Por que, então", pergunta alguém, "as ofensas dos inimigos nos afetam?". Porque não as esperávamos, ou ao menos não tão sérias. Isso se deve ao nosso excesso de amor-próprio: achamos que devemos ser inatingíveis até para os inimigos. Cada um de nós tem dentro de si a alma de um rei: quer que seja dada liberdade a nós, mas não contra nós. Logo, é ou nossa ignorância ou nossa arrogância que nos faz raivosos. Pois qual é a surpresa se os maus fazem coisas más? Qual a novidade se um inimigo nos prejudica, se um amigo nos ofende, se um filho se engana, se um escravo comete um erro? Fábio[27] dizia que a desculpa mais vergonhosa para um general era dizer "Não pensei nisso"; eu acho que é a mais vergonhosa para um homem. Pense em tudo, espere tudo: mesmo em um bom caráter existe algo de mais grosseiro. A natureza humana produz pensamentos traiçoeiros, ingratos, cobiçosos, impiedosos. Quando você julgar os hábitos de um indivíduo, pense também sobre os da população. Quando você mais se alegrar, é também quando mais vai temer; onde tudo parecer tranquilo, aí os perigos se encontram, apenas dormindo. Sempre considere que algo de ofensivo vai acontecer:[28] um navegador confiante nunca solta totalmente as velas sem ter equipamento para recolhê-las rapidamente.

Antes de tudo, pense no seguinte: o impulso de prejudicar é repulsivo e odioso, é totalmente alheio ao ser humano, cuja benevolência amansa até criaturas ferozes. Observe os elefantes, submetidos ao jugo, e as costas dos touros, tranquilamente pisados por crianças e mulheres que saltam,²⁹ e as serpentes rastejando em volta de taças e de seios, deslizando inofensivamente, de dentro de casa, os rostos plácidos de ursos e leões junto a seus tratadores, e feras que acariciam seus donos. Seria uma vergonha trocar de natureza com os animais!

É um sacrilégio prejudicar a pátria e, logo, também um cidadão, pois ele é parte da pátria — se o todo é venerável, as partes são sagradas; portanto, também uma pessoa, pois ela é sua concidadã em uma cidade maior. Como seria se as mãos quisessem prejudicar os pés, e os olhos quisessem prejudicar as mãos? Assim como todos os membros entre si estão em acordo, porque é bom para o todo que cada um seja preservado, também os homens devem poupar outros indivíduos, porque foram criados para a coletividade; a sociedade não pode se manter saudável exceto pelo cuidado e amor de suas partes. Nem mesmo as víboras, cobras e outras criaturas nocivas por sua mordida ou ataque nós mataríamos, se depois pudéssemos domesticá-las ou fazer com que não fossem perigosas para nós e para os outros; da mesma forma, não devemos castigar um homem porque ele errou, mas para que não erre, e o castigo deve se referir ao futuro, não ao passado, pois não vem da ira, mas da precaução. Pois se devemos punir quem quer que tenha um gênio passível de vício e de fazer o mal, ninguém ficará livre de castigo.

(II.32) "Mas a ira dá certo prazer, e é agradável retribuir a alguém a dor que ele causou." De jeito nenhum; pois não é como no caso dos favores, em que é justo recompensar benefícios com benefícios; não é justo recompensar ofensas com ofensas.³⁰ Na primeira situação, é vergonhoso ser vencido; na segunda, é vergonhoso vencer. "Vingança" é uma palavra desumana, entendida como justa... Um homem que não conhecia Marco Catão,³¹ sem querer, esbarrou nele nos banhos públicos (pois quem o ofenderia, conhecendo-o?). Logo depois, Catão disse ao homem, que se desculpava: "Não me lembro de ter sofrido nada." Ele achou melhor não reconhecer o dano do que vingá-lo. Você pergunta: "Mas o agressor não sofreu nada de mau depois de tamanha petulância?"

Na verdade, recebeu um grande bem: passou a conhecer Catão! É característica de uma grande alma fazer pouco caso de ofensas; a vingança mais ultrajante é não ser considerado digno de que se busque vingança. Muitas pessoas tornaram ofensas leves muito piores por terem buscado vingança: ao contrário, é grande e nobre aquele que, como um grande animal feroz, escuta indiferentemente os latidos de cachorrinhos.

(II.33) Mas alguém diz: "Seremos menos dignos de desprezo se nos vingarmos de uma ofensa." Se chegamos à vingança como a um remédio, que cheguemos sem ira, considerando útil vingar-se, não prazeroso; frequentemente, porém, é melhor fingir do que se vingar. As ofensas dos poderosos devem ser toleradas com rosto alegre, não apenas com paciência; pois vão fazer de novo, se acharem que tiveram sucesso. Aqueles que têm almas soberbas devido a suas grandes fortunas têm isto de pior: odeiam quem eles mesmos prejudicaram. É muito famosa a frase de certo homem que envelheceu na convivência de reis; quando alguém perguntou como conseguira essa coisa tão rara num palácio, a velhice, ele respondeu: "Recebendo ofensas e agradecendo."

Muitas vezes é tão desvantajoso vingar uma ofensa que é melhor nem reconhecer que ela ocorreu. Quando Calígula, ofendido por sua elegância e por seus cabelos bem-tratados,[32] pôs na prisão o filho de Pastor, ilustre cavaleiro romano, enquanto o pai lhe pedia pela salvação do filho, como se a ele tivessem solicitado o suplício, ordenou que matassem o jovem imediatamente. Então, para que não parecesse agir de forma desumana em relação ao pai, no mesmo dia convidou-o para o jantar. Pastor veio, sem mostrar desprazer em seu rosto. Calígula ergueu-lhe uma taça e pôs a seu lado um guarda; o pobre pai suportou tudo, como se bebesse ao sangue do filho. Calígula mandou que entregassem a ele perfume e uma guirlanda de flores, e mandou vigiar se ele os usaria: ele usou. No mesmo dia em que havia enterrado o filho (ou melhor, em que não tinha podido enterrar), Pastor sentava-se em um banquete entre cem outros homens, um velho, sofrendo de gota, tragando bebidas pouco apropriadas até mesmo para comemorar o nascimento de um filho; mas não derramou uma lágrima, nem deixou sua dor transparecer; jantou como se pedisse pela vida do filho. Você pergunta por quê? Porque tinha outro filho... Eu desprezaria aquele pai romano, se tivesse com medo por si mesmo, mas foi o senso de dever que reprimiu a sua ira. Ele merecia que lhe permitissem sair do banquete para recolher os ossos do filho; nem isso lhe permitiu o jovem, bondoso e amável imperador:[33] Calígula provocava o velho com múltiplos brindes, dizendo que deixasse de lado as preocupações. Pastor, ao contrário, aparentava alegria, como se tivesse se esquecido do que tinha acontecido naquele dia; o outro filho teria morrido, se o convidado não tivesse agradado ao seu carrasco.

(II.34) Por isso devemos renunciar à ira, seja um igual àquele que se deseja agredir, seja ele um superior, seja um inferior. Combater com um igual é um risco; com um superior, é loucura; com um inferior, é humilhação. É característica de um medroso e baixo revidar a quem morde: ratos e formigas se voltam para atacar se você levanta a mão; só os fracos acham que são atacados se você apenas os toca. Seremos mais gentis se refletirmos sobre como a pessoa contra quem temos raiva nos foi útil no passado e, por causa de seus méritos, sua ofensa será perdoada. Também nos virá à mente o seguinte: quantos elogios a nossa reputação de sermos tolerantes vai nos trazer, quantos amigos úteis o perdão vai criar. Não devemos alimentar a raiva contra filhos de rivais ou de inimigos; é um dos exemplos da crueldade de Sula o fato de que ele removeu do rol dos cidadãos os filhos dos homens proscritos.[34] Nada é mais injusto do que alguém ser herdeiro do ódio a seu pai.

Sempre que for difícil perdoar, devemos considerar se é útil a todos nós sermos implacáveis. Com que frequência aquele que negou o perdão mais tarde o pediu? Com que frequência alguém se jogou aos pés de alguém que antes tinha afastado de sua companhia? O que é mais glorioso do que transformar a ira em amizade? Que aliados mais fiéis tem hoje o povo romano do que os que antes foram os inimigos mais difíceis? O que seria hoje do império se uma saudável precaução não tivesse misturado os vencidos e os vencedores?[35] Se alguém se irritar com você, retribua com seus favores; a briga desaparece imediatamente se abandonada por um dos lados; não há combate se não há dois lados. Mas se a ira combater dos dois lados, vem o confronto; o melhor é aquele que primeiro deu um passo para trás; vencido foi quem venceu. Se alguém te atacar, retroceda, pois se revidar, só dará razão e pretexto para ataques mais frequentes, e depois não vai poder se retirar quando quiser.

(II.35) Por acaso alguém iria querer ferir o inimigo com tal força a ponto de deixar a mão presa na ferida e não poder retirá-la após o golpe? Pois a ira é uma lança desse tipo: é difícil de desprender. Nós buscamos armas ligeiras, uma espada adequada e hábil; por que não evitaremos os impulsos da alma que são pesados, penosos e irrecuperáveis? Só é agradável a velocidade quando podemos parar onde queremos e não ultrapassar os limites, aquela que pode ser controlada e reconduzida da corrida para o passo. Sabemos que os nervos estão doentes quando se movimentam sem nosso controle; está velho ou doente alguém que corre quando queria andar; da mesma forma, consideramos saudáveis e fortes os movimentos da alma se eles ocorrem conforme nossa vontade, não os que são levados por vontade própria.

Mas nada pode ser mais útil do que examinar primeiro a deformidade da coisa, depois o seu perigo. Em nenhuma outra emoção o rosto é mais modificado: a ira enfeia os mais belos rostos, transforma as feições mais calmas em ferozes.[36] Toda a dignidade abandona os furiosos, e se sua vestimenta foi arrumada com bom gosto, eles vão arrastá-la e abandonar todo cuidado com a sua aparência. Se, por natureza ou por esforço, seus cabelos soltos não parecem descuidados, eles ficam eriçados junto com suas emoções; as veias saltam; o peito chacoalha com uma respiração ofegante, o pescoço se distende com o grito raivoso; então, tremem-lhe os membros, as mãos ficam inquietas, todo o corpo se agita. Qual você pensa que é o estado interno da alma dessa pessoa, se sua imagem externa é tão horrenda?... Assim como a aparência daqueles que pingam do sangue da matança dos inimigos ou das feras, ou dos que se dirigem à matança; tais como os monstros infernais imaginados pelos poetas, rodeados de serpentes e exalando fogo; tais como as mais terríveis deusas,[37] que saem dos infernos para provocar guerras, semear o conflito entre os povos e destruir a paz; assim deve ser para nós a imagem da ira, seus olhos ardendo em chamas, com sibilos e rugidos e gemidos e guinchos, ou se existe algum som mais odioso do que esses; sacudindo lanças com ambas as mãos (pois ela não se preocupa em se proteger), retorcida, sanguinolenta, cheia de cicatrizes e hematomas feitos por seus próprios golpes, com um andar demente, envolta em densa nuvem de pó, atacando, devastando, afugentando, oprimida pelo ódio de todos, em especial o seu próprio, desejando que desapareçam terras, mares e céu, se não puder prejudicar de outro modo, ao mesmo tempo detestada e desprezada. Ou, se você me permite, vejamos a ira como descreveram nossos poetas:[38] "Belona, agitando um chicote sangrento na mão direita" ou "Folga a Discórdia de manto rasgado" ou qualquer face mais terrível que se possa imaginar para essa terrível paixão.

(II.36) Como diz Séxtio,[39] olhar-se no espelho foi útil para alguns furiosos. Tão grandes mudanças neles mesmos perturbaram-nos; não se reconheceram quando levados diante dos próprios olhos; e quão pouco da verdadeira deformidade deles estava naquela imagem refletida no espelho! Se a alma pudesse ser mostrada e refletida em alguma forma material, espantaria aqueles que vissem, por ser tão escura, manchada, fervente, deformada, inchada. Mesmo agora, tamanha é sua feiura, exalando por entre ossos e carnes e tantos obstáculos; como seria se se mostrasse nua? Entretanto, na verdade, acredite, ninguém se afastou da raiva por causa de um espelho. Mas por quê? Porque quem veio ao espelho para se modificar já tinha se modificado...

É mais importante observar quantos se machucaram por causa da própria ira. Alguns romperam suas veias pelo excesso de fúria, um grito dado além das forças fez o sangue escorrer, um líquido que veio aos olhos por causa do esforço embaçou-lhes as vistas e, doentes, tiveram recaídas em suas enfermidades. Não há caminho mais rápido para a loucura. Assim, muitos persistiram na loucura da ira e nunca recuperaram o estado mental anterior: a loucura levou Ajax à morte; a ira o levou à loucura.[40] Eles atraem a morte para seus filhos, a pobreza para si mesmos, a ruína para sua família, e negam sua própria ira assim como os loucos negam sua loucura. Inimigos dos seus melhores amigos e evitados pelos mais próximos; menosprezam as leis, exceto das que usam para prejudicar, descontrolados por causa de besteiras, inacessíveis pela palavra e pelo dever, buscam tudo pela violência, prontos tanto para lutar com espadas quanto para morrer por elas.

De fato, eles foram tomados pelo maior de todos os males, um que supera todos os vícios. Outros chegam lentamente, mas a força deste é repentina e total. Ele acaba por subjugar todas as outras paixões: conquista o amor mais ardente, pois os irados transpassaram os corpos amados e morreram nos braços daqueles que mataram. Mesmo a avareza, que é o mal mais duro e menos flexível, foi pisada pela ira, levada a espalhar sua riqueza e incendiar sua casa e seus bens acumulados em uma pilha. Que mais? O ambicioso não desprezou as insígnias que mais amava e rejeitou as honras que lhe foram oferecidas? Não há paixão que a ira não domine.

O livro III contém mais conselhos práticos sobre como lidar com a ira e ensina modos de "não ficar com raiva... impedir a ira uma vez que ela tenha começado, e... curar a ira de outras pessoas", de acordo com o esquema anunciado em III.5. Mas antes de alcançar esse ponto, Sêneca nos relembra a força destruidora da ira.

(III.1) O que você mais queria, Novato, é o que vamos tentar fazer agora: arrancar a ira da alma, ou ao menos refreá-la e inibir o seu impulso. Isso às vezes deve ser feito em público e abertamente, quando a força do mal é menor e ainda permite; às vezes, em segredo, quando ela está muito forte, e cresce e se torna maior com qualquer obstáculo; dependendo de quantas forças você ainda tem, e se estão intactas, é preciso decidir se podemos enfrentar a ira e a fazer recuar ou se devemos ceder um pouco, enquanto a tempestade está começando, para que ela não carregue embora consigo mesma o seu remédio.

Devemos ter um plano de acordo com o caráter de cada um, pois algumas pessoas se amolecem com pedidos, enquanto outras xingam e ameaçam os que são humildes; uns são desarmados pelo medo, a crítica pode mudar o rumo de outros; ou uma confissão; ou a vergonha; ou a demora, um remédio lento para uma doença precipitada, que deve ser usada em último caso. Porque outras paixões podem ser adiadas e tratadas com mais vagar; mas a violência desta, uma vez desperta e agitando-se a si mesma, não avança aos pouquinhos, mas está completa logo que começa. Não seduz a alma, como os outros vícios, mas a arrasta e inflama, tira seu autocontrole, a faz desejar até mesmo o mal de todos; não se enfurece só contra o seu objetivo, mas contra qualquer obstáculo. Outros vícios empurram a alma, a ira a arrasta. Mesmo que uma pessoa não consiga resistir a suas paixões, com certeza é possível que os próprios vícios estacionem; a ira ganha cada vez mais força, como os raios, os furacões e outras coisas que não se podem deter porque não seguem em frente, mas caem de uma vez. Outros vícios se afastam da racionalidade; este se afasta da sanidade; outros vícios ocorrem gradualmente e seus aumentos passam despercebidos; a alma *mergulha* na ira.

(III.2) A ira não dispensa nenhuma idade, não faz exceção para nenhum tipo de gente. Alguns povos, graças à sua pobreza, não conhecem o luxo; outros, por serem trabalhadores e nômades, se afastam da preguiça; outros, que têm hábitos rudes e uma vida selvagem, desconhecem trapaças, golpes e todos esses vícios que nascem no fórum. Mas não existe nenhum povo que não seja levado pela ira, poderosa entre gregos e entre bárbaros, prejudicando tanto os que respeitam as leis quanto os que só conhecem a lei do mais forte.

Além disso, enquanto os demais vícios atacam individualmente, a ira é a única que muitas vezes ataca em massa. Nunca um povo inteiro se apaixonou por uma única mulher, nem uma cidade inteira pôs toda a sua esperança no dinheiro e no lucro; a ambição ocupa cada pessoa de maneira individual; a gula não é um mal público; muitas vezes um batalhão inteiro perdeu-se na ira. Homens, mulheres, velhos, jovens, aristocratas e populares se enfureceram em conjunto, e toda uma multidão, estimulada por pouquíssimas palavras, correu mesmo à frente de quem as dizia; correu em direção às armas e às chamas, e guerras foram declaradas contra os vizinhos ou travadas contra os próprios cidadãos. Casas inteiras foram queimadas com as famílias dentro, e aquele que pouco antes era muito honrado por suas palavras se tornou o alvo da ira de seu próprio discurso. Legiões arremessaram as lanças contra seu próprio general; o povo se afastou dos nobres; o Senado, em ira, sem aguardar tropas nem nomear um general, escolheu comandantes abruptamente para perseguir homens nobres pelas casas da cidade e levou-os à pena capital com suas próprias mãos. Embaixadas foram atacadas, desrespeitando o direito das nações, e um ódio desumano tomou os cidadãos, e nem é dado tempo para a diminuição da perturbação pública, mas navios são lançados de imediato, cheios de soldados reunidos no tumulto. O povo sai sob o comando de sua ira, sem respeitar os costumes e sem consultar os auspícios, carregando objetos quaisquer no lugar de suas armas, e, no final, paga o alto preço de sua ira afoita: uma grande carnificina.

(III.4.4) Então não vão querer todos se afastar da ira, depois de perceber que ela já começa causando o mal? Você não quer que eu aconselhe a todos os que usam sua ira em máxima potência e acham que ela é uma prova de sua força, e ainda consideram que uma vingança rápida é um dos maiores bens de ter muita riqueza, que na verdade não é poderoso aquele que é escravo de sua ira — ao contrário, ele não pode nem mesmo ser considerado um homem livre? Para que cada um seja mais atento e observe a si mesmo, você não quer que eu os aconselhe de que enquanto outros vícios são característicos de pessoas piores, a ira toma até mesmo homens cultos e saudáveis? Isso chega a tal ponto que alguns dizem que a ira é indício de honestidade, e que uma pessoa mais sujeita à ira é comumente considerada mais bondosa.

(III.5) Você pergunta: "Mas para que isso interessa?" Para que ninguém se considere a salvo da ira, porque até os calmos e pacíficos por natureza ela engaja na crueldade e na violência. Assim como, contra uma doença contagiosa, de nada adianta a força do corpo e o cuidado detalhado com a saúde, pois ela invade da mesma forma os fracos e os fortes, também a ira apresenta risco tanto para os espíritos inquietos quanto para os relaxados e calmos (nos quais ela é bem mais pervertida e perigosa, pois muda muito mais neles). Mas como é crucial em primeiro lugar não sentir ira; em segundo, interrompê-la; em terceiro, tratar também da ira alheia, vou dizer, primeiro, como não cair em ira; depois, como nos livrarmos dela; e por fim, como controlar e acalmar um furioso, e como ajudá-lo a recobrar a sanidade mental.

Teremos certeza de não ficarmos enraivecidos se tivermos postos diante de nossos olhos, um a um, todos os aspectos negativos da ira e tivermos os considerado corretamente. Nós devemos acusá-la dentro de nós, e condená-la, examinar seus males com cuidado e trazê-los à tona, para que fique evidente quais eles são e para que possamos compará-los com os piores vícios. A avareza, por exemplo, adquire coisas e as empilha, para que alguém possa usá-las melhor; a ira é gastadora, para poucos ela vem de graça. Quantos escravos foram obrigados a fugir, quantos a morrer, por causa de um senhor dado à ira! Quanto a mais ele perdeu porque se irritou do que valia a razão de sua ira! A ira traz luto ao pai, divórcio ao marido, ódio ao magistrado, derrota ao candidato. É um vício pior que a luxúria, porque esta aproveita de seu próprio prazer, enquanto a ira se aproveita da dor alheia. Ela supera a cobiça e a inveja, porque estas querem que o outro seja infeliz, enquanto a ira quer ela mesma fazer alguém infeliz; aquelas ficam felizes com males que ocorrem por acaso, a ira não se contenta em esperar o destino, ela quer prejudicar a quem odeia, e não apenas que a pessoa seja prejudicada. Nada é mais sofrido do que as rivalidades:

a ira as provoca. Nada é mais danoso do que as guerras: a ira dos poderosos as cria; mas mesmo a raiva do povo e do homem privado é uma guerra, apenas sem armas e sem forças militares. Além disso, mesmo desconsiderando o que resulta da ira, os danos, as traições, a preocupação constante criada por batalhas pessoais, a ira é punida ao mesmo tempo que pune, pois ela abre mão da natureza humana: a natureza nos leva ao amor, a ira, ao ódio; a natureza nos manda ser útil, a ira, a ser prejudicial.

(III.6) Não há maior prova de grandeza para um homem que nada do que possa acontecer o provoque. A parte mais alta do universo, a parte mais organizada e próxima dos astros, nem se transforma em nuvem, nem se lança como tempestade, nem gira como um furacão: ela está livre de qualquer agitação, enquanto as partes inferiores são atingidas pelos raios. Assim também o espírito elevado, sempre calmo e disposto em um estado de tranquilidade, mantendo abaixo de si tudo aquilo pelo que as pessoas se enfurecem, é controlado, venerável, bem ordenado; nada do que você vai encontrar em um homem irritado. Pois quem não abandonou toda a vergonha logo que se entregou à dor e se enfureceu? Quem não jogou fora todo o seu caráter respeitável no momento em que enlouqueceu por um impulso e se lançou contra outra pessoa? Quem, depois de provocado, se manteve consciente da quantidade e da organização de seus deveres? Quem não falou o que não devia? Quem conseguiu dominar seu próprio corpo? Quem, depois de se jogar, consegue manter controle de si mesmo?

É útil para nós aquele saudável preceito de Demócrito,[41] que demonstra que a tranquilidade se encontra em não assumir tarefas, nem particulares nem públicas, que sejam em grande número ou maiores do que nossas forças. Para aquele que se multiplica em muitas tarefas, o dia nunca se passa de forma tão feliz que não apareça, de outra pessoa ou de uma situação, uma ofensa que predisponha sua alma para a ira. Assim como quem caminha apressado pelas regiões apinhadas da cidade acaba sempre esbarrando em muitas pessoas, escorregando ali, parando lá, ficando sujo de lama acolá, também nas tarefas de nossa vida, quando são muitas e nos levam a vários lugares, aparecem diversos obstáculos e razão para queixas: uma pessoa não atingiu nossas expectativas; outra se atrasou; outra não cumpriu o combinado; nossos planos não ocorreram conforme o esperado. A sorte não é tão dedicada a uma pessoa de forma que todos os caminhos sejam fáceis quando tentamos muitas ações; o resultado portanto é que aquele para quem algumas coisas não correram conforme o planejado fique impaciente com pessoas e com situações, e pelos mais fracos motivos se enfureça: ou com uma pessoa, ou com uma tarefa, ou com a própria sorte, ou consigo mesmo. Logo, para que a alma possa ficar tranquila, ela não deve ser agitada, nem, como eu disse, se matar com inúmeras tarefas, muito pesadas ou desejadas, mas além de nossas forças. É fácil colocar nos ombros coisas mais leves e transportá-las aqui e ali sem que escorreguem, mas as que mãos alheias nos fizeram carregar, mal as sustentamos, e logo adiante as deixamos cair, vencidos; mesmo quando apenas tentamos ficar de pé sob esse fardo, tropeçamos sob um peso que não podemos carregar.

(III.7.2) Sempre que você tentar fazer alguma coisa, tome a medida de você mesmo e, ao mesmo tempo, daquilo que você quer fazer e dos recursos preparados, pois o remorso por uma tarefa inacabada vai fazer de você um homem irado. É importante saber se uma pessoa tem um temperamento ardente ou se é frio e humilde: um insucesso gera ira em quem é soberbo, melancolia em quem é abatido e apático. Portanto, nossas ações não devem ser nem pequenas nem audazes e excessivas; nossas esperanças devem alcançar apenas a porta do vizinho; não devemos tentar nada que depois nos deixe admirados, mesmo que tenhamos sucesso.

(III.8) Devemos tomar cuidado para não recebermos uma ofensa, porque não sabemos se poderemos suportá-la. Devemos viver com pessoas bastante tranquilas, mais fáceis de conviver, pouco ansiosas e mal-humoradas; tomamos para nós as qualidades daqueles com quem vivemos, e assim como certas doenças do corpo são transmitidas pelo contato, também o espírito infecta aqueles mais próximos com seus vícios. Um bêbado atrai seus companheiros para o amor ao vinho, a companhia de desavergonhados corrompe até mesmo um homem de moral forte como uma pedra, a avareza transfere seus vírus aos que ficam próximos a ela. As virtudes seguem o mesmo princípio, mas de modo diverso: amansam tudo o que têm a sua volta; não é tão útil nem à saúde do corpo estar em uma região e um clima saudáveis como é para as almas enfermas o contato com um grupo melhor de pessoas. Para entender melhor esse ponto, observe como as feras se amansam com nosso convívio, e nenhum animal, nem mesmo o mais cruel, mantém sua ferocidade depois de muito tempo na companhia de um homem; toda a sua selvageria é reduzida e aos poucos desaprendida entre criaturas pacíficas.

Há também a situação em que um indivíduo se torna melhor não só pelo exemplo ao viver entre pessoas calmas, mas também porque não tem motivos para se enfurecer nem para reforçar seu vício. Por isso, devemos evitar todos aqueles que sabemos que são propícios a provocar a nossa ira. Você pergunta: "Quem são esses?" Muitas pessoas que, por várias razões, provocam em você a ira como efeito: o arrogante vai ofender pelo menosprezo; o sarcástico, pelo insulto; o irreverente, pela ofensa; o invejoso, pela cobiça; o agressivo, pelo debate; o presunçoso e o mentiroso, pela futilidade; você não vai aguentar ser temido pelo desconfiado, ser vencido pelo teimoso, ser desdenhado pelo pedante. Escolha a companhia dos que são simples, fáceis de conviver, modestos, que não causem a sua ira, e a suportem; são ainda mais úteis os humildes, sensíveis, amigáveis, mas sem chegar à bajulação, pois o carinho excessivo ofende os dados à ira. Eu tive um amigo que era sem dúvida um bom homem, mas muito irritadiço, e não era mais seguro elogiá-lo do que xingá-lo. Dizem que também o orador Célio[42] era excessivamente irritável. Dizem que certa vez um cliente de impressionante paciência estava jantando com ele na sala de sua casa, mas ainda assim era difícil para ele evitar desavença com o homem em sua companhia. Ele achou que o melhor era aceitar tudo o que o outro dissesse e segui-lo sempre. Mas Célio não suportou nem mesmo alguém que concordava com tudo, e gritou: "Diz alguma coisa diferente, para pelo menos sermos duas pessoas!" Mas mesmo Célio, irritado por ver que o outro não se irritava, viu que não tinha adversário e logo parou.

Se temos consciência de nossa irritabilidade, devemos escolher de preferência pessoas que observam nosso rosto e nossas falas: certamente nos farão melindrosos e nos levarão ao mau hábito de não ouvir nada contra nossa vontade, mas pelo seu erro nos darão um intervalo e um descanso. Mesmo os difíceis e de natureza rebelde suportam quem os trata bem: ninguém é rude e agressivo contra alguém que acaricia.

Sempre que uma discussão for mais longa ou mais intensa, devemos interromper no início, antes que ganhe força: o desentendimento alimenta a si mesmo e agarra os que nela entram mais fundo; é mais fácil não entrar em uma briga do que sair dela.

(III.9) Pessoas facilmente irritáveis devem evitar as atividades mais pesadas, ou ao menos não devem ser feitas além do ponto da exaustão, e seu espírito não deve se envolver em coisas difíceis, mas deve ser levado às artes mais amenas: a leitura de poesia vai acalmá-las e a história vai entretê-las com narrativas. Elas devem ser tratadas de maneira suave e agradável. Pitágoras usava a lira para acalmar as perturbações do seu espírito, e quem não sabe que os clarins e as trombetas são estimulantes, assim como certas canções têm um efeito calmante que relaxa a mente? Tons de verde auxiliam olhos cansados e a vista fraca encontra repouso em certas cores, enquanto outras a atrapalham com seu brilho; da mesma forma, ocupações agradáveis acalmam os espíritos doentes. Devemos evitar o fórum, os trabalhos de advocacia, os tribunais e tudo o que faz nosso vício piorar,[43] e da mesma forma ter cuidado com o cansaço físico, pois ele consome tudo o que há de gentil e tranquilo, e estimula a grosseria... A fome e a sede também devem ser evitadas pelas mesmas razões; elas enervam e irritam o espírito. O velho ditado diz que a pessoa cansada procura briga; da mesma forma acontece com quem tem fome e sede, e com todo aquele que carece de alguma coisa. Pois assim como feridas doem com um leve toque ou mesmo pelo medo de um toque, também o espírito afetado por esse vício se ofende por besteiras, a ponto de algumas pessoas terem chegado a batalhas legais por causa de uma saudação, uma carta, um discurso, uma pergunta: os doentes nunca podem ser tocados sem que reclamem.

(III.10) Por isso, o melhor é corrigir-se no primeiro sinal do mal, e então dar o mínimo possível de liberdade até às próprias palavras e conter o impulso.[44] É fácil detectar as suas emoções assim que nascem, pois os sintomas vêm antes das doenças. Da mesma forma que os sinais da tempestade e da chuva vêm antes delas mesmas, assim há sinais anteriores da ira, do amor e de todas essas agitações que atormentam nossa alma. Pessoas que costumam ser acometidas por convulsões[45] sabem que a crise se aproxima quando suas extremidades perdem o calor, a visão fica borrada e os nervos tremem, se a memória falha e a cabeça gira. Elas interrompem o problema no início com os remédios costumeiros; o que quer que seja que toma seus espíritos é afastado pelo gosto ou pelo cheiro, ou cataplasmas são aplicados para combater o frio e a tensão dos músculos; ou, se os remédios não fizerem efeito, eles evitam a multidão e têm a crise sem ser observados.

É útil conhecer a sua própria doença e impedir os seus efeitos antes que se espalhem. Nós devemos considerar o que mais nos provoca: para algumas pessoas, afetam mais as ofensas cometidas com palavras; para outras, as que vêm das ações. Uma pessoa quer que se considere sua alta posição social; outra, a sua beleza; um quer ser visto como o mais elegante; outro, como o mais inteligente; um não suporta a arrogância; outro odeia a teimosia; um acha que seus escravos não valem a sua ira; outro é cruel dentro de casa mas gentil fora dela; um considera uma ofensa receber um pedido; outro acha que é uma afronta não receber. Nem todos são feridos no mesmo lugar; por isso é preciso entender o que é vulnerável em você, para que você proteja essa parte o melhor possível.

(III.11) Não é benéfico ver e ouvir tudo. Muitas ofensas devem apenas passar por nós; na maioria das vezes, quem as ignora, não as recebe. Você não quer ser irritadiço? Não seja curioso. Quem investiga o que foi dito contra ele mesmo, quem fica cavando conversas maldosas, mesmo quando ocorridas em segredo, é ele mesmo a raiz de sua inquietação. Certa interpretação pode fazer com que as falas pareçam ofensas; por isso, algumas devem ser ignoradas, outras ridicularizadas, outras perdoadas.

A ira deve ser contida de várias maneiras; a maior parte das coisas pode ser transformada em piada e brincadeira. Dizem que Sócrates, ao levar um soco na cabeça, não disse nada além de "Que chato é não saber quando se deve andar por aí de elmo!". Não importa de que modo uma ofensa foi lançada, e sim de que modo foi recebida.

Não entendo por que seria difícil ser mais equilibrado, quando sei que até mesmo tiranos, com seu temperamento arrogante, resultado não só de sua riqueza como de sua liberdade, reprimiram a sua crueldade natural. Pelo menos Pisístrato, tirano dos atenienses, que, contra a tradição, estava certa vez em um banquete quando um convidado bêbado falou livremente sobre sua crueldade; não faltou quem lhe quisesse dar apoio e o instigasse de um lado e de outro. Ele, porém, suportou tudo com tranquilidade e respondeu aos que tentavam provocá-lo que não se irritaria com eles mais do que se alguém de olhos vendados tivesse esbarrado nele.

(III.13) Lute consigo mesmo: se você quer vencer a ira, ela não pode vencê-lo. Você vai começar a vencê-la quando a mantiver escondida, quando não der vazão a ela. Vamos esconder seus sinais e mantê-la oculta e secreta o máximo possível. Isso só vai acontecer com grande dificuldade, pois a ira quer pular para fora e fazer brilhar os olhos e transformar o nosso rosto; mas se ela conseguir se mostrar fora de nós, ela já vai estar em cima de nós. Ela deve ser enterrada no buraco mais profundo do peito, para que nós mandemos nela, não ela em nós. Ou melhor, nós devemos desviar para o sentido contrário todos os seus sinais: o rosto deve ficar descontraído, a voz mais suave, o passo mais lento; aos poucos, as sensações internas vão acompanhar as externas.

No caso de Sócrates, era um sinal de sua ira quando ele abaixava a voz, falava pouco; parecia então que ele estava se segurando. Os seus amigos percebiam e o repreendiam, mas essa crítica de sua ira escondida não o desagradava. Por que ele não ficaria feliz, já que sua ira, apesar de percebida por muitos, não era por eles sentida? Eles a teriam sentido, porém, se ele não tivesse dado aos amigos o direito de repreendê-lo, o mesmo que ele tinha exigido em relação a eles. Quanto mais necessário é para nós fazer o mesmo! Vamos pedir a nossos melhores amigos que tenham conosco essa máxima liberdade, principalmente no momento em que não pudermos suportá-la em nada, e não aprovem nunca a nossa ira; ao contrário, enquanto temos controle sobre nossa mente, enquanto ainda somos nós mesmos, pedimos a ajuda deles contra esse mal poderoso, mas agradável. Quem não aguenta beber e teme a loucura e a arrogância da sua bebedeira pede aos amigos que o levem embora da festa; os que sabem de seus excessos durante uma doença, proíbem que os outros lhe obedeçam quando estiver doente.

O melhor é olhar adiante e criar obstáculos para os vícios conhecidos e, acima de tudo, organizar o pensamento de tal forma que, mesmo quando atingido por golpes pesados e imprevistos, não se sinta raiva ou, quando ela surgir por conta da gravidade de uma ofensa inesperada, que seja reprimida no fundo do peito e não aparente indignação. Ficará claro para você que isso é possível se eu trouxer alguns poucos exemplos, dentre um grande número deles, a partir dos quais você pode aprender duas coisas: quanto mal a ira traz quando ela dispõe da força total de pessoas poderosas, e quanto ela pode dominar a si mesma quando suprimida por um medo maior do que ela.

(III.14) O rei Cambises[46] era muito dado ao vinho, e Prexaspes, um de seus amigos próximos, aconselhou-o a beber menos, dizendo que a bebedeira era vergonhosa em um rei, um homem a quem todos os olhos e ouvidos seguem. A isso, respondeu Cambises: "Só para você saber que eu nunca perco o controle, vou provar agora que, depois do vinho, tanto meus olhos como minhas mãos são capazes de seus deveres." Ele bebeu então até mais do que em outras ocasiões, usando taças maiores, e quando já estava cheio e embriagado, mandou o filho do homem que o havia criticado caminhar até o lado de fora da porta e ficar de pé ali, com a mão esquerda levantada acima da cabeça. Então, o rei esticou a corda do seu arco e cravou uma flecha bem no coração do jovem (onde ele tinha dito que miraria). Depois, mandou que lhe abrissem o peito e mostrou a flecha atravessada no coração e, virando-se para o pai, perguntou se tinha a mão firme o suficiente. O pai disse que nem Apolo poderia ter disparado uma flecha mais certeira. Que os deuses o arruínem, esse que era um escravo não por sua condição, mas por sua alma, ele que elogiou um fato que era demais ter só assistido...Veremos mais adiante como o pai deveria ter se portado[47] diante do cadáver do filho e do assassinato de que tinha sido tanto testemunha quanto causador. Fica evidente aquilo de que agora tratamos: a ira pode ser contida.

(III.15) Não duvido de que também Hárpago[48] tenha tentado convencer seu rei, o rei dos persas, de forma semelhante. O rei, ofendido por ele, pôs à sua frente como jantar a carne de seus filhos e perguntou várias vezes se a comida estava boa. Então, quando viu que Hárpago estava bastante satisfeito com seus próprios crimes, mandou trazerem as cabeças das crianças e perguntou se ele tinha gostado. O pobre infeliz não ficou sem palavras e nem fechou a boca. Ele disse: "Na casa de um rei, todo jantar é agradável." O que ele ganhou com esse elogio? Não ter que comer as sobras.

Não estou proibindo um pai de criticar a ação de um rei, não estou proibindo de buscar a justiça digna para uma crueldade tão terrível, mas aqui estou demonstrando que, mesmo quando causada por males tremendos, a ira pode ser escondida e forçada a falar com palavras contrárias a si mesma. Esse controle da dor é necessário, principalmente para aqueles que têm esse tipo de vida, para quem é convidado para a mesa de reis: assim se deve comer na casa do rei, assim se deve beber, assim se deve responder; deve-se sorrir diante da morte dos mais próximos.[49]

(III.18.3) Mas por que procuro exemplos antigos? Há pouco tempo[50] Calígula mandou chicotear e torturar, não para obter informações, mas para seu simples prazer, Sexto Papínio, filho de um cônsul, Betileno Basso, seu próprio questor e filho de seu procurador, e vários outros senadores e cavaleiros romanos, todos em um só dia. Depois, estava tão impaciente por ter que adiar o prazer que a crueldade lhe exigia que viesse logo e em grande quantidade, que quando encontrou alguns de seus alvos caminhando com suas esposas e outros senadores em uma alameda dos jardins de sua mãe (aquela que separa o pórtico da margem do rio),[51] mandou degolar alguns deles à luz da lamparina. Por que a pressa? Que risco público ou privado uma única noite lhe traria? Quão pouco seria esperar pela luz do dia, para evitar matar senadores romanos calçando pantufas!

(III.19) Para o nosso tema, é útil saber quanto foi arrogante a sua crueldade, ainda que alguém possa achar que estamos nos desviando do assunto e nos perdendo em uma digressão; mas esse tópico fará parte da discussão sobre a ira que é violenta acima do normal. Antes daquele episódio, Calígula já tinha chicoteado senadores: ele tornou possível para alguém dizer "isso é normal". Ele havia torturado das maneiras mais cruéis que a natureza oferece: o garrote vil, botas de tortura, cavalete, fogo, até sua própria cara. E nesse ponto, alguém pode responder: "Grande coisa! Se ele executou três senadores, como escravos sem valor, entre chicotadas e fogo — aquele homem planejava trucidar o Senado inteiro, e queria que o povo romano tivesse um só pescoço para que num único golpe, num único dia, ele pudesse reunir todos os seus crimes, espalhados em tantos lugares e momentos!" Demoraria muito ainda acrescentar que ele também assassinou os pais dos homens que matava, mandando centuriões às casas deles na mesma noite, pois como era um homem benevolente, assim ele os livrava do luto. Mas não é meu objetivo descrever a crueldade de Calígula, e sim da raiva, que se lança não só contra um indivíduo, mas estraçalha povos inteiros, que açoita cidades e rios e até coisas que não sentem nenhuma dor.

(III.20) Pela mesma razão, o rei dos persas mandou cortar o nariz de todo um povo na Síria, de onde vem o nome do lugar, Rinocolura.[52] Você acha que ele os poupou, por não ter cortado suas cabeças? Na verdade, ele se divertiu com seu novo tipo de castigo.

(III.22) E esses são os exemplos que você deve examinar para que possa *evitá-los*; os próximos exemplos, ao contrário, são daqueles que devem ser *seguidos*, os equilibrados, gentis, pessoas a quem não faltava motivo para a raiva nem meios para a vingança e não a cometeram. Pois o que teria sido mais fácil para o rei Antígono[53] do que condenar à morte seus dois soldados, que, encostados na tenda do rei, faziam o que as pessoas fazem por seu próprio risco e prazer: falavam mal do próprio rei? Antígono ouviu tudo, pois só havia uma cortina entre os falantes e o ouvinte; ele a afastou um pouco e disse: "Afastem-se daqui, para que o rei não possa ouvir."[54]

> *Sêneca retorna, no fim do livro III, ao tema da mudança de atitude já comentado no livro II, pedindo a seus leitores que desistam da vaidade que os leva a se sentirem injustiçados por outros ou, se não puderem fazer isso, que achem motivos para perdoar aqueles que cometeram as injustiças. Um tema central, também visto no livro II, é a falibilidade universal de nossa espécie, uma condição que deveria nos guiar em direção à clemência e para longe do julgamento — um "pacto de gentileza mútua" com nossos companheiros humanos.*

(III.24.2) Por que eu castigaria meu escravo com chicotes e correntes por causa de uma resposta mais alta, uma expressão mais amarga ou por não vir correndo quando eu apenas sussurrei? Quem sou eu, para que seja um pecado ferir meus ouvidos? Muitas pessoas perdoaram seus inimigos, eu não posso perdoar os preguiçosos, os distraídos, os tagarelas...? Se ele é um amigo, fez sem intenção; se é um inimigo, fez o que devia. Aos mais prudentes, nós devemos dar crédito; aos mais estúpidos, devemos dar o perdão; diante de cada um deles, devemos dizer a nós mesmos o seguinte: "Até mesmo os homens mais sábios erraram em muitas coisas, não existe ninguém tão cuidadoso que não tenha uma falta de atenção; ninguém é tão maduro que uma mudança de circunstância não o tire do sério; ninguém é tão cauteloso em não cometer ofensas que não acabe ofendendo mesmo quando tenta evitar."

(III.26) Você responde: "Mas eu não aguento! Não posso suportar uma ofensa!" Mentira, pois quem não consegue aguentar uma ofensa, se consegue aguentar a ira? Além disso, pense que a maneira como você está agindo faz com que suporte tanto a ira como a ofensa. Por que você aguenta a ira de um doente, as ofensas de um louco, as mãos ousadas de uma criança? Com certeza porque eles não sabem o que fazem. O que importa qual falha que torna cada um louco? A loucura é justificativa igual para todos. "Mas então ele vai sair dessa impunemente?", você pergunta. Vamos fingir que é isso o que você quer: mesmo assim, ele não vai. Na verdade, a maior punição para uma ofensa é ter ofendido,[55] e ninguém é mais afetado do que aquele que acaba sendo tomado pela tortura do arrependimento.

Além do mais, se queremos ser juízes justos de tudo o que acontece, temos que olhar para as condições gerais da humanidade... Todos nós somos precipitados e imprudentes, somos todos instáveis, reclamões, ambiciosos — por que esconder com palavras mais gentis uma ferida que é de todos? —, somos todos maus. Por isso, tudo o que cada um de nós encontra para criticar no outro, pode ser encontrado em seu próprio peito. Por que você aponta a palidez de um, a magreza do outro? É uma praga. Por isso, vamos ser mais gentis uns com os outros: somos maus, vivemos entre os maus. Só uma coisa pode nos tornar mais tranquilos: um pacto de gentileza mútua. "Ele já me ofendeu, e eu nunca o ofendi." Mas talvez já tenha ofendido alguém, ou ainda vai ofender. Não pense só nesta hora ou neste dia, considere toda a condição do seu espírito: mesmo que não tenha feito nada de mau, você poderia fazer.

(III.28) Você se irrita com um, depois com outro; com os escravos, depois com os libertos; com seus pais, depois com seus filhos; com os conhecidos, depois com os desconhecidos; em toda parte, sobram razões para a ira, a não ser que o espírito tenha se levantado para interceder. Sua ira com um homem vai arrastá-lo deste motivo para outro, depois para um terceiro, e a toda hora vai criar mais e mais irritações: a ira vai ser contínua! E então, infeliz, quando você vai amar? Quanto tempo precioso você está perdendo com uma maldade. Quão melhor não seria agora fazer amigos, acalmar os inimigos, agir no interesse comum, prestar atenção nos seus problemas domésticos em vez de olhar em volta tentando fazer mal a uma pessoa, de que maneira você pode ferir a dignidade, o patrimônio ou ainda o corpo dela — e isso ainda vai envolvê-lo em confrontos e perigos, mesmo se você enfrentar um inferior!

(III.33) A maior parte da gritaria se dá por causa de dinheiro: o dinheiro enche os tribunais, põe pais e filhos em confronto, prepara venenos, entrega espadas a assassinos e a legiões; ele está impregnado em nosso sangue. Por causa do dinheiro, as noites de maridos e esposas ressoam com os gritos de brigas e a multidão pressiona os tribunais dos magistrados, os reis barbarizam e roubam e destroem cidades erguidas pelo longo trabalho de séculos, apenas para saquear o ouro e a prata de suas cinzas. É agradável olhar para baús de moedas deixados em um canto: é por causa deles que os homens gritam até os olhos saltarem no rosto; por eles as salas de audiência ecoam com a algaravia dos julgamentos, e juízes chamados de regiões longínquas tomam seus assentos, prontos para julgar qual das duas cobiças é a mais justa. E quanto ao velho moribundo e sem herdeiros que quase explode por dentro não por causa de um baú, mas por um punhado de moedas de cobre ou um denário[56] que um escravo se esqueceu de contar? E quanto ao agiota doente, com pés e mãos retorcidos que já nem lhe servem para contar seus lucros, que grita e demanda seus centavos até em meio às crises da doença, tudo por causa de uma taxa de juros de um milésimo? Se você pusesse diante dos meus olhos toda a riqueza vinda de todas as minas que escavamos agora, se ostentasse em plena luz do dia o que todos os tesouros enterrados possuem (porque a avareza enterra novamente tudo o que ela mesma extraiu indevidamente), eu não consideraria que toda essa pilha valha o suficiente para que um homem bom feche a cara.[57] Quanto riso deveria cercar aquilo que provoca as nossas lágrimas!

(III.34) Vejamos agora a lista de outras coisas que nos enraivecem: as comidas, as bebidas, e, por causa delas, a elegância que visa à ostentação; as palavras ofensivas, os gestos pouco honrados; os burros teimosos e os escravos preguiçosos; as suspeitas e as interpretações maldosas das palavras alheias, razão pela qual somos obrigados a considerar entre as injustiças da natureza a linguagem dada aos homens — acredite em mim, essas coisas pelas quais ficamos tão profundamente raivosos são superficiais e parecem o tipo de coisas que provocam brigas e disputas entre crianças. Nada entre elas, pelas quais ficamos tão tristes, é importante, nada é de valor: por isso eu digo que a sua ira é um tipo de loucura, porque faz com que se dê muito valor a coisas pequenas.

(III.36) Todos os nossos sentidos devem ser levados a uma condição de equilíbrio; eles são, por natureza, resistentes, se o espírito, que deve ser chamado diariamente a prestar contas do que faz, parar de estragá-los. Séxtio[58] costumava fazer isso todo dia, à noite, depois de se recolher para dormir, quando interrogava a seu espírito: "Qual dos seus vícios você curou hoje? Que erros você impediu? Em que área você melhorou?" A ira vai diminuir e será mais controlada sabendo que todos os dias ela vai ter que se apresentar diante de um juiz. O que pode ser mais bonito do que esse costume de examinar o próprio dia? Que sono se segue a esse exame de si mesmo: tão tranquilo, profundo e despreocupado, após o espírito ter sido ou elogiado ou censurado, e após o observador e crítico secretos terem chegado ao conhecimento dos seus hábitos! Eu mesmo uso esse recurso; diariamente sou advogado e juiz da minha própria causa. Logo depois que a luz se apaga e a minha esposa, já conhecendo meus hábitos, fica em silêncio,[59] observo todo o meu dia e repasso minhas ações e minhas palavras. Não escondo nada de mim mesmo, não omito nada. Pois por que eu teria medo de algum dos meus erros, quando posso dizer: "Toma cuidado para não fazer mais isso, mas dessa vez eu perdoo. Naquela discussão você falou de forma muito agressiva; daqui em diante, não discuta com ignorantes, se não aprenderam até aqui, é porque não querem aprender. Você criticou aquele homem de forma mais direta do que deveria; desse jeito, você não o corrige, você só o ofende: da próxima vez, observe se o que você está dizendo é não só verdadeiro, mas se aquele para quem você diz consegue suportar a verdade. Quem é bom fica feliz em ser corrigido, mas os maus não suportam bem quem os corrige."

(III.37) Num jantar, você se sentiu ofendido com as piadas de certas pessoas e com comentários feitos para provocá-lo: lembre-se de evitar companhias vulgares; quem sóbrio já não tem vergonha, fica ainda mais abusado depois do vinho. Você viu um amigo furioso com o porteiro de um advogado ou de um nobre por ter barrado sua entrada, e por causa dele você também ficou furioso com esse escravo inútil. Você ficaria furioso com um cachorro acorrentado? Até o cachorro se acalma se, depois de latir muito, alguém lhe der comida. Afaste-se um pouco e ria!

Aquele homem pensa que é alguém importante só porque é o guarda de um portão procurado por uma multidão de pedintes; às vezes, o outro que está no interior da casa se sente feliz e sortudo e considera característica de um homem afortunado e influente que seu portão seja de difícil acesso;[60] ele não percebe que a porta mais difícil é a da prisão. Você imagina que vai ter que passar por muitos sacrifícios. Por acaso alguém se surpreende de passar frio no inverno, de sentir enjoo no mar, de alguém esbarrar nele andando na rua? O espírito é forte diante dos males para os quais se preparou. Se você é colocado em um lugar de menos honra em um banquete, começa por se irritar com o colega que está na mesma mesa, com o anfitrião, até com aquele que foi colocado no lugar que você queria. Que loucura, que importância tem que lugar você ocupa da mesa? Um assento pode fazer alguém mais honrado ou mais desprezível? Alguém falou mal de seus talentos, você olhou feio para ele: essa é a regra para você?[61]

(III.38) Alguém ofendeu você; por acaso foi uma ofensa maior do que aquela feita contra Diógenes, o filósofo estoico,[62] quando um jovem arrogante cuspiu nele enquanto ele fazia um discurso exatamente sobre a ira? Ele suportou isso com calma e sabedoria, e disse: "De fato, não estou com raiva, mas estou em dúvida se deveria estar."

Na eloquente conclusão de seu texto, Sêneca se volta para um tema que nunca esteve longe de seus pensamentos: a iminência da morte.

(III.42) Vamos nos livrar do mal da ira, vamos purificar nossa mente dele e vamos arrancar as suas raízes, que vão crescer de novo onde quer que tenham ficado. E não devemos diminuir a ira, e sim destruí-la totalmente: pois que equilíbrio pode existir de verdade em relação a um mal? Nós temos o poder para isso, contanto que façamos o esforço.

Nada nos ajudará mais nisso do que refletir acerca de nossa condição de mortais. Cada um deve dizer para si mesmo e para os outros: "De que adianta espalhar a nossa ira, como se tivéssemos nascido eternos, e assim desperdiçar nossa brevíssima vida? De que adianta desperdiçar em dor e em atormentar os outros os dias que podemos aproveitar em prazeres mais dignos? Nossos dias não são descartáveis, e não temos tempo a perder. Por que corremos em direção à luta? Por que criamos disputas para nós mesmos? Por que, sem considerar nossa fraqueza, alimentamos ódios imensos e, sendo frágeis, tentamos quebrar os outros? Essas inimizades que mantemos com espírito implacável, rapidamente uma febre ou alguma outra doença nos impedirão de sustentar; em breve a morte vai se colocar no meio e separar os inimigos mais difíceis. Por que entramos em revolta e, indisciplinados, perturbamos nossa própria vida? Nosso destino está sempre sobre nossas cabeças. Ele conta os dias que passam e chega cada vez mais perto." O momento que você planeja para a morte alheia talvez esteja mais próximo da sua.

(III.43) Por que, ao contrário, você não aproveita a sua vida breve e oferece, tanto a você mesmo quanto aos outros, uma vida cheia de paz? Por que não ser agradável com todos enquanto você está vivo, e saudoso quando tiver falecido? Por que você quer tanto derrubar aquele homem que fala com você como se ele estivesse nas alturas? Por que você tenta, com todas as suas forças, pisotear aquele que grita contra você, uma pessoa se não pequena e desprezível, ao menos rabugenta e desagradável para seus superiores? Por que você se irrita com um escravo, com seu senhor, com o rei, com um cliente? Aguenta um pouco, logo vem a morte e vocês todos serão iguais.

É comum vermos, durante os espetáculos matutinos na arena, uma luta entre um touro e um urso, amarrados um ao outro; após eles se espancarem mutuamente, um carrasco espera a ambos. Nós fazemos o mesmo: atacamos alguém amarrado a nós, quando tanto vencido quanto vencedor vão ter o mesmo fim. Melhor é terminarmos tranquilos e em paz o pouco tempo que nos resta, para que nosso cadáver não seja odioso para ninguém.

Muitas vezes um grito de "fogo!" na vizinhança desfaz uma briga, e o surgimento de um animal feroz separa o ladrão de sua vítima: ninguém tem tempo de lutar com um perigo menor quando um medo maior aparece. O que nós temos a ver com lutas e farsas? Por acaso você deseja mais do que a morte para aquele com quem você se irrita? Mesmo se você ficar quieto, ele vai morrer. É um desperdício de esforço tentar fazer uma coisa que já vai acontecer naturalmente... Mas quer você pense no suplício extremo, quer em algo mais suave, quão pouco tempo ainda resta para que aquela pessoa seja torturada ou para que você aproveite seu prazer maldoso com a tortura alheia!

Muito em breve lançaremos esse sopro de vida. Enquanto isso, enquanto ainda o respiramos, enquanto ainda estamos entre os homens, vamos cultivar a bondade. Não vamos ser motivo de temor ou de perigo para os outros; vamos desprezar os prejuízos, as ofensas, os xingamentos, os sarcasmos, e vamos suportar com generosidade os pequenos aborrecimentos. Como se diz, enquanto olhamos para trás e nos viramos de volta, a morte já está na nossa frente.

Notas

¹ A julgar pela métrica e pela articulação, isso parece ser uma citação de um drama trágico perdido.

² A referência parece ser à escravização de prisioneiros de guerra, mas talvez também seja sobre a apreensão de propriedades conduzidas pelos imperadores Julio-Claudianos (do latim, "*capita*" aqui significa tanto "vidas" como "propriedades").

³ Sêneca aqui imagina as tochas e fogueiras de exércitos sitiantes.

⁴ A referência é sobre a crucificação no geral, um modo comum de execução do império romano. Jesus havia sido sacrificado pouco menos de uma década antes que Sêneca começasse a escrever *Sobre a ira*, e o cristianismo não era muito conhecido, ou era totalmente desconhecido, em Roma.

⁵ Aqui, e ao longo deste volume, as lacunas entre capítulos e números no início dos parágrafos indicam que alguns capítulos foram omitidos. Uma elipse em um parágrafo, como em I.12 a seguir, também indica uma omissão.

⁶ O "supervisor" (a palavra em latim é mais similar a "timoneiro") aqui é a Razão, o que fica claro posteriormente. A Razão está em letra maiúscula neste texto para enfatizar a importância que Sêneca dava a ela, vista por ele e seus companheiros estoicos como um elemento divino da natureza humana, concedida pela Razão maior que governa o universo.

⁷ Os ensaios de Sêneca são ocasionalmente chamados de diálogos, pois trazem oradores anônimos, como esse, para interromper, desafiar ou refutar a voz principal.

⁸ A frase em latim que se segue, omitida desse conjunto de excertos, possui um preconceito de gênero bastante forte: Sêneca afirma que o estado de colapso mental por ele descrito é frequentemente visto em mulheres. Suprimir essa frase é correr o risco de

ocultar o sexismo de Sêneca, ou dos autores romanos em geral, que eram na sua imensa maioria homens falando para outros homens. O organizador sentiu que uma ênfase na universalidade dos princípios estoicos era apropriada e que Sêneca merecia ter seus próprios conselhos postos em prática: "Não é benéfico ver e ouvir tudo" (III.11). No entanto, deve notar-se que na frase seguinte incluída, Sêneca utiliza como modelo ético um *homem* romano, como fez em todos os seus escritos.

[9] "*Irrogata*", correção de Madvig.

[10] Uma fala de uma tragédia romana antiga, supostamente citada pelo imperador Calígula, cujo reinado de terror precedeu *Sobre a ira* por apenas alguns anos. Calígula é referido explicitamente abaixo (apesar de Sêneca chamá-lo por seu verdadeiro nome, Caio César; aqui, seu apelido mais familiar é utilizado).

[11] A citação não é encontrada nos livros que nos restam do historiador Tito Lívio.

[12] Dito por Ajax a Odisseu enquanto os dois lutam pela armadura de Aquiles. *Ilíada*, 23.724 (citado por Sêneca em grego).

[13] Calígula foi assassinado por uma conspiração de senadores e guardas em 41 d.C.

[14] As elites romanas por vezes plantavam árvores nos telhados de suas casas.

[15] Nos sistemas administrativos da época de Sêneca, os procônsules escolhidos pelo Senado recebiam o governo de vastos territórios do império.

[16] Ou seja, para produzir eunucos para guardar a esposa ou o harém de um rei.

[17] Essa anedota banal pode ser invenção de Sêneca; não há relatos em outros textos de que Platão fosse tutor de um menino.

¹⁸ Uma metáfora para as leis do direito, equivalente a "devemos dar a nossos inimigos o benefício da dúvida".

¹⁹ Neve, trazida das montanhas por mensageiros, era usada em casas abastadas para resfriar bebidas.

²⁰ Isto é, a inocência de acordo com a lei.

²¹ Um exemplo interessante e talvez revelador; Sêneca parece dizer que cometer uma injustiça contra alguém poderia ser perdoado se fosse feito pela necessidade de progresso.

²² A linguagem parece sugerir uma analogia com as moedas de prata que ficam manchadas se não são usadas.

²³ Sêneca compartilhava da visão de seu tempo sobre a capacidade inferior das mulheres de fazer escolhas morais. O trecho "Ela é sua esposa" aqui poderia também significar "Ela é uma mulher".

²⁴ O sentimento aqui é coerente com a atitude particularmente complacente de Sêneca em II.33 e III.15, e com seu próprio comportamento na corte de Nero.

²⁵ Isto é, ele será pego e punido depois, mesmo que saia livre agora. Tais consolações mostram Sêneca divergindo da filosofia moral e em direção a modos mais comuns de se pensar.

²⁶ A ideia de que o transgressor se machuca mais do que machuca os outros era comum em várias escolas filosóficas.

²⁷ Quinto Fábio Máximo, um general romano do século III a.C., era famoso por sua estratégia de tentar atrasar a batalha ao lidar com a invasão da Itália por Aníbal.

²⁸ A prática estoica de *praemeditatio malorum*, preparar-se para males futuros imaginando-os antes que eles acontecessem, era aconselhada por Sêneca.

²⁹ Um esporte acrobático que envolvia dar cambalhotas por cima de touros é frequentemente retratado na arte e mencionado por outras fontes.

³⁰ Sêneca mais tarde compôs um longo tratado sobre dar e receber, *De Beneficiis* (*Sobre os benefícios*), explorando o código moral sobre as trocas.

³¹ Um estoico praticante e senador do século I d.C., com frequência reverenciado por Sêneca como o homem mais moralmente sábio desde Sócrates.

³² Calígula, ele mesmo um homem janota, supostamente sentia inveja de todos aqueles cuja beleza ou elegância eram maiores que a sua.

³³ Dito com sarcasmo fulminante. Sêneca aparentemente despertou a inveja de Calígula por conta de sua eloquência e escapou por pouco da lâmina do carrasco.

³⁴ Durante o domínio militar de Sula sobre Roma, nos anos 80 a.C., os inimigos do regime eram eliminados através de uma espécie de lista negra chamada proscrição, e a cidadania dos filhos dessas vítimas era retirada.

³⁵ Os principais referentes aqui são os gauleses, que uma vez lutaram bravamente contra o domínio romano, porém mais tarde foram pacificados e tornados cidadãos romanos; mas uma estratégia similar de absorção através da concessão de cidadania foi aplicada em outros lugares também.

³⁶ Sêneca havia caricaturado previamente os efeitos físicos da ira em seu parágrafo de abertura.

³⁷ Provavelmente se referindo às Fúrias ou Erínias, deusas do submundo representadas em mitos como as raízes da discórdia humana.

³⁸ A primeira das seguintes citações não pode ser totalmente identificada, mas decerto vem de um poema épico. A segunda é

encontrada na *Eneida*, em 8.702, uma das muitas passagens em que Virgílio imagina as forças do submundo instigando conflitos humanos.

[39] Quinto Séxtio foi um filósofo romano estoico do século I a.C.

[40] Nos mitos da Guerra de Troia, Ajax fica irado após perder para Odisseu numa luta fraudada pela armadura de Aquiles (ver nota 12). Ele planejava assassinar os oficiais que haviam conspirado contra ele, mas Atena o deixou temporariamente louco e ele matou um rebanho. Quando recobrou seus sentidos, a vergonha o levou ao suicídio.

[41] Demócrito, um filósofo grego do século V a.C., é mais conhecido hoje por sua teoria de que toda matéria é feita de átomos.

[42] Marco Célio Rufo era contemporâneo de Cícero no século antes de Sêneca e foi o tema do discurso sobrevivente de Cícero, *Pro Caelio* (A favor de Célio).

[43] Os benefícios do ócio, a liberdade do estresse dos negócios e dos assuntos públicos são temas constantes nos escritos de Sêneca.

[44] Sêneca reconhece enfaticamente que mesmo as melhores naturezas vão sentir as agitações da ira. Como reagimos a essas agitações é o que importa.

[45] Essa é uma referência à epilepsia. Sêneca na verdade chama-a de *comitialis vitium* ou "a doença do homem da assembleia", porque sua ocorrência em uma assembleia impõe que ela seja imediatamente cancelada.

[46] Cambises, filho de Ciro II, governou o império persa no fim do século VI a.C. Sêneca pega a história seguinte do livro III das *Histórias* de Heródoto.

[47] Sêneca nunca cumpre sua promessa em seus escritos existentes. Ele parece pesaroso pela passividade de Prexaspes, em contraste a II.33, em que ele elogia Pastor por aceitar o assassinato

de seu filho de forma similar. Talvez ele não tivesse uma solução para o dilema que também aparecia em suas próprias relações com Calígula e Nero.

[48] Um oficial de alto escalão do império meda no século VI a.C. e servo do rei Astíages. Essa história, como a anterior, vem das *Histórias* de Heródoto. Hárpago ofendeu o rei preservando a vida de uma criança que Astíages havia ordenado matar, sem que o rei soubesse. Hárpago foi punido com um banquete canibal, parecido com o que Sêneca dramatizou em sua tragédia *Tiestes*.

[49] Essa passagem notável é seguida por outra ainda mais surpreendente, aqui omitida, em que Sêneca recomenda o suicídio para aqueles que respondem a mestres cruéis. A aceitação passiva não era sua solução para todo o problema do despotismo, mas é proeminente aqui, já que implica a supressão da raiva.

[50] Se nossa datação de *Sobre a ira* está certa, esse episódio — não atestado anteriormente — aconteceu cerca de uma década antes de Sêneca escrever sobre ele.

[51] Sêneca escreve como se esperasse que o leitor conhecesse bem a propriedade. A mãe de Calígula era Agripina, a Velha, neta de Augusto.

[52] "*Rhinocolura*" significa "nariz cortado" em grego, e o nome engraçado provavelmente é a origem da história que Sêneca nos conta aqui; nenhuma outra fonte nos dá informação sobre o rei persa (talvez Cambises?) ou os sírios que ele supostamente puniu.

[53] Um líder macedônio que se tornou influente e conquistou a coroa no final do século IV a.C., durante as guerras de sucessão após a morte de Alexandre, o Grande.

[54] Como notado, as anedotas positivas de Sêneca, ilustrando a paciência e a calma, são menos convincentes que seus contos de ira e crueldade, e esse volume raramente as utiliza.

⁵⁵ Ver nota 24.

⁵⁶ O denário era a unidade monetária padrão no império romano. Um soldado romano de infantaria era pago cerca de 4,5 denários por semana na época de Sêneca.

⁵⁷ O desdém que Sêneca apresenta pelas riquezas se torna um pouco duvidoso quando se considera a sua própria vasta fortuna, que dizem ter sido aumentada por sua prática de agiotagem bastante agressiva.

⁵⁸ Ver nota 39.

⁵⁹ Sêneca era extremamente vago sobre a vida de sua família em seus escritos. Em ensaios posteriores ele se refere a uma mulher nobre e muito mais jovem do que ele chamada Paulina, mas ele pode ter se casado mais de uma vez.

⁶⁰ O sistema romano de patronato significava que indivíduos ricos e influentes, que tinham a habilidade de ajudar outros, possuíam um fluxo constante de clientes procurando favores.

⁶¹ Não fica claro quando o discurso que Sêneca faz para si mesmo, começando em III.36, acaba, e uma fala mais geral para o leitor romano começa. Ao final do discurso, nós estamos claramente não mais ouvindo Sêneca falar para si, e sim a voz do ensaísta falando para seu público.

⁶² Não o famoso Diógenes, o Cínico, mas sim Diógenes da Babilônia, que encabeçou a Escola Estoica no século II a.C. Como tantas de suas anedotas ilustrando paciência nesta obra, essa também não é contada por outros autores.

APÊNDICE

Sobre a cólera
Montaigne

Apresentação de
Marco Lucchesi

Tradução de
Jorge Bastos Cruz

Diálogo

Sêneca foi um dileto amigo de Montaigne. Foi sem saber que seria. Amigo no campo ideal, das afinidades eletivas. Como Dante e Virgílio, Goethe e Hafez. A espessura do *logos* vence a distância de séculos. Amizade de mão única. Improvável.

Montaigne é um asceta dos livros, viajante imóvel, a percorrer o mapa-múndi de sua biblioteca, solitário, entre as vozes do passado e do presente, com a bússola, inquieta e febril, que aponta para o não saber.

Sêneca é um anfíbio, entre o mundo e a solidão, entre o espaço de poder e a oficina do pensamento, cidade e natureza, ditando cartas e tratados memoráveis. Sua morte encerra um gesto filosófico maior, prova cabal de rigor estoico e adesão a princípios graves.

Não seriam amigos, talvez, se partilhassem o mesmo corte temporal. Ainda que fossem vizinhos, o apelo do mundo seria diverso para atender às suas demandas. Tornaram-se próximos, apenas e tão somente, através da leitura, essa notável máquina do tempo, que rompe barreiras de todos os gêneros e promove a cultura da paz. Duas almas inquietas em busca de paz.

A ira sinaliza uma disfunção, cujo remédio consiste na prática do adiamento, na resposta temperada, nunca irrefletida. Bela, a ideia de escala, da ofensa individual dentro de uma dimensão que ultrapassa o indivíduo e rompe, em perspectiva, os atributos da cólera e demais vicissitudes.

O diálogo entre Sêneca e Montaigne possui uma série de modos complexos. Ambos se aproximam na medida exata em que se distanciam. Irredutíveis. A música de fundo empresta-lhes um tom familiar, mas o canto de cada qual possui um timbre inconfundível.

Sêneca me acompanhou na juventude, quando mal sabia modular as intensidades que me feriam. E segue vivo para mim: jamais abandonei as belas *Cartas a Lucílio*, um manancial, ao mesmo tempo, de beleza viril e mansidão.

Nos dias que correm, a voz de Sêneca é um antídoto eficaz contra a ignorância e a barbárie. O tratado da ira abre espaço para uma refundação, desde o famoso adágio, de que o bem e o belo se convertem.

Marco Lucchesi
Escritor, poeta, professor, ensaísta
e tradutor, membro da
Academia Brasileira de Letras

Sobre a cólera
Livro II, cap. XXXI
Montaigne

Plutarco é em tudo admirável, mas principalmente quando avalia as ações humanas. Basta ver as belas coisas que ele diz em sua comparação entre Licurgo e Numa, relativa à grande tolice que se comete, deixando as crianças sob os cuidados e a responsabilidade dos pais. A maioria dos nossos Estados, como diz Aristóteles,[1] deixa a cada um, à maneira dos ciclopes, que tinham ideias loucas e inconsideradas, a direção das suas mulheres e dos seus filhos. São quase únicas as Constituições lacedemônia e cretense, que confiaram às leis a educação das crianças. Quem não vê que tudo, em um Estado, depende da maneira como as crianças são criadas e educadas? No entanto, sem qualquer discernimento, são deixadas à mercê dos pais, por mais tolos e indignos que sejam.

Por exemplo, quantas vezes não tive vontade, andando na rua, de fazer uma cena e tomar a defesa de meninos que eu via serem maltratados, espancados ou machucados por um pai ou uma mãe furioso ou louco de cólera?! Podem-se ver o fogo e a raiva nos seus olhos

> *rabie jecur incendente, feruntur*
> *Praecipites, ut saxa jugis abrupta, quibus mons*
> *Subtrahitur, clivoque latus pendente recedit,*[2]
> [com o coração inflamado de raiva, são lançados de ponta-cabeça como rochedos que, se soltando de repente do alto da montanha, despencam pela encosta íngreme,]

---

[1] ARISTÓTELES. *Ética a Nicômaco*, X, 9.

[2] JUVENAL. *Sátiras*, VI, v. 647-649.

(e, segundo Hipócrates,[3] as doenças mais perigosas são as que alteram a face), com voz incisiva e brutal, frequentemente contra quem mal saiu da amamentação. Restam daí crianças estropiadas, embrutecidas pelas pancadas; e nossa Justiça não leva isso em consideração, como se esses deslocamentos e brusquidões não fossem da conta dos membros do nosso Estado:

> *Gratum est quod patria ecivem populoque dedisti,*
> *Si facis ut patriae sitidoneus, utilis agris,*
> *Utilis et bellorum et pacis rebus agendis.*[4]
>
> [É bom que proporciones um cidadão à tua pátria e ao teu povo se o tiveres tornado apto a servir a esta pátria, útil no campo, útil nos trabalhos da guerra e da paz.]

Não há paixão que afete tanto a pureza do julgamento quanto a cólera. Ninguém hesitaria em punir com a morte o juiz que, por cólera, condenasse o réu: por que então permitir que pais e professores primários, movidos por esse mesmo sentimento, chicoteiem e castiguem crianças? Não se trata mais de uma correção e sim de uma vingança. O castigo é como um medicamento que se ministra às crianças: qual paciente suportaria um médico irritadiço e raivoso?

Mesmo contra nossos empregados, se quisermos agir corretamente, nunca deveríamos levantar a mão, enquanto durar nossa raiva. Enquanto baterem [forte demais] nossas pulsações e nos sentirmos tumultuados, adiemos qualquer gesto. As coisas, na verdade, nos parecerão outras, quando estivermos calmos, de sangue frio. Era a paixão que ditava nossa atitude, e não nós. Vistas a partir dela, as falhas nos parecem maiores, como os corpos por trás da bruma.

---

[3] PLUTARCO. *Comment Il faut refrener la colere* [Como se deve refrear a cólera], VI (trad. Amyot).

[4] JUVENAL. *Sátiras*, XVI, v. 70-72.

Quem tem fome recorre aos alimentos, mas quem recorre aos castigos não deve ter fome nem sede.[5]

Além disso, os castigos infligidos com ponderação e discernimento são aceitos, por quem os recebe, de forma melhor e mais proveitosa. Não sendo assim, o acusado acha ter sido condenado apenas em razão da cólera e da fúria do seu amo. E pode alegar, nesse sentido, os sinais fora do comum, a expressão inflamada, o tom inabitual, a agitação e a precipitação inconsideradas:

> *Ora tumente ira, nigrescunt sanguine venae,*
> *Lumina Gorgoneo saevius igne micant.*[6]
>
> [Seu tosto se intumesce de cólera, as veias inflam de sangue escuro, os olhos brilham mais do que os da Górgona, com um fogo ardente.]

Suetônio conta que Lucius Saturninus[7] foi condenado por César e isso muito o favoreceu junto ao povo (a quem se dirigia a apelação) para sua vitória no processo, demonstradas a animosidade e irascibilidade de César nessa ação judicial.

Dizer não é o mesmo que fazer: deve-se considerar o sermão separadamente de quem o prega. Perderam tempo aqueles que, nos tempos atuais, tentaram atacar a verdade da nossa Igreja a partir dos vícios de seus ministros. Provêm de outra origem as suas comprovações: trata-se de uma tola argumentação, que a tudo confundiria. Um homem de boa moralidade pode ter ideias erradas e um indivíduo nefasto pode dizer a verdade — mesmo que nela não acredite. Forma-se sem dúvida bela harmonia quando ação e palavra caminham juntas e não posso negar que a palavra, quando seguida pelas ações, ganha maiores autoridade e eficácia. Era, por exemplo,

---

[5] PLUTARCO. *Comment il faut refrener la colère* [Como se deve refrear a cólera], XI (trad. Amyot).

[6] OVÍDIO. *De arte amandi*, III, v. 503.

[7] SUETÔNIO. *César*, XII.

a opinião de Eudâmidas que, ao ouvir um filósofo falar sobre a guerra, ressaltou: "Belas coisas foram ditas, mas quem as disse não é convincente nesse assunto, pois não tem ouvidos acostumados ao som do clarim."[8] Também Cleômenes, ouvindo um retórico discursar sobre a bravura, riu ostensivamente e, ao orador escandalizado, explicou: "Eu riria da mesma forma se fosse uma andorinha falando, mas se fosse uma águia, eu ouviria com atenção." Creio observar, nos escritos dos antigos, que quem diz o que pensa é mais eficaz, se comparado a quem assume uma atitude. Ouçam Cícero e ouçam Brutus falando do amor à liberdade: os próprios textos têm uma ressonância indicando que o último era um homem disposto a comprá-la mesmo que ao preço da vida. Que Cícero, pai da eloquência, trate do desprezo à morte e que Sêneca faça o mesmo: o primeiro se arrasta, tíbio, e sentimos que tenta nos levar a algo a que ele mesmo não se decidiria; não nos dá coragem para tanto, pois carece daquilo de que tenta nos convencer;[9] já o outro nos anima e inflama. Nunca leio um autor, sobretudo se ele trata da virtude e dos deveres, sem atentamente procurar saber que tipo de homem ele foi.

Por esse motivo é que os éforos, em Esparta, vendo um homem de costumes dissolutos propor ao povo algo útil, mandaram que se calasse e pediram que outro, este de bem, assumisse sua criação e a propusesse.

Os escritos de Plutarco, se corretamente os saborearmos, o revelam de forma clara e creio conhecê-lo até no fundo da sua alma. Quero então que tenhamos algumas lembranças da sua vida. Acabo de me afastar do meu assunto para dizer que sou grato a Aulo Gélio, que deixou por escrito a narrativa que segue[10] e ilustra o comportamento do meu autor-narrativa, que (aliás) tem a ver com

---

[8] Este exemplo e o seguinte são tirados de PLUTARCO. *Dicts notables des Lacedaemoniens* [Dizeres notáveis dos lacedemônios].

[9] Cf. SÊNECA. *Cartas a Lucílio*, LXIV.

[10] AULO GÉLIO. *Noites áticas*, I, 26.

o meu tema da cólera. Um dos escravos de Plutarco, homem de maus instintos e cheio de vícios, mas que tinha os ouvidos bastante acostumados às lições de filosofia do mestre, foi, por alguma falta que cometeu, despido por ordem deste último e, enquanto era açoitado, de início resmungava ser injusto o castigo e que nada fizera, mas no fim já gritava e xingava o seu amo, dizendo não ser ele o filósofo de que tanto se gabava ser; [gritava] tê-lo frequentemente ouvido dizer o quanto é errado se deixar dominar pela cólera, tendo inclusive escrito um livro sobre isso. Naquele momento, entretanto, dominado por essa paixão, mandava que cruelmente o chicoteassem, desmentindo os próprios escritos. Com frieza e calma Plutarco replicou: "Grosseiro indivíduo! Onde estás vendo cólera? Meu rosto, minha voz, o tom da minha pele, da minha palavra dão algum sinal de descontrole? Não creio ter o olhar feroz, as faces crispadas, nem solto gritos terríveis. Estou vermelho? Espumando de raiva? Deixo escapar algo de que possa depois me arrepender? Meus membros tremem? Estremeço de irritação? Pois, para tua informação, não são estes os verdadeiros sinais da cólera?" Em seguida, dirigindo-se a quem manuseava o chicote: "Continue a sua tarefa, enquanto este aí e eu conversamos." É esta a narrativa [de Aulo Gélio].

O tarentino Architos,[11] voltando de uma guerra em que fora comandante-chefe, encontrou muita desordem em casa e suas terras incultas, dada a má gerência do administrador. Depois de chamá-lo, disse a ele: "Pode ir, se eu não estivesse tão colérico, lhe daria uma boa descompostura!" Da mesma forma Platão, contrariado com um dos seus escravos, pediu que Espeusipo o castigasse, explicando que não se encarregaria ele próprio disso por estar irritado.[12] Charillos, um lacedemônio, disse a um hilota que se comportava

---

[11] Fonte: PLUTARCO. *Comment il faut nourrir les enfants* [Como se deve alimentar as crianças], XVI.

[12] PLUTARCO. *Pourquoi la justice divine differe* [Porque a justiça divina difere].

de forma insolente e atrevida com ele: "Por todos os deuses! Se não estivesse tão colérico, mandaria que o matassem agora mesmo."[13]

A cólera é uma paixão que se autocompraz e autolisonjeia. Quantas vezes, quando nos deixamos levar por um falso motivo, diante de uma boa defesa ou uma boa desculpa, nos irritamos contra a própria verdade, contra a inocência! Guardei, a respeito disso, um curioso exemplo antigo. Pisão, personagem em geral dos mais virtuosos, ficou furioso com um dos seus soldados que voltou só de uma tarefa simples para a alimentação dos cavalos e não soube dizer por onde tinha passado o companheiro. Convencendo-se de que ele o havia matado, condenou-o imediatamente à morte. O soldado já estava prestes a ser executado, quando o desaparecido surgiu. A tropa inteira festejou e depois de grandes alegrias e abraços dos dois companheiros, o carrasco os levou até Pisão, de quem todos esperavam também demonstrações de alívio. Mas aconteceu o contrário: a vergonha e o despeito duplicaram o fogo da cólera, que ainda estava viva, e ele com isso, a partir de um inocente, sutilmente conseguiu três culpados e os fez serem executados: o primeiro soldado porque uma condenação já lhe havia sido imposta; o segundo, que se perdera, por se tornar causa da morte do companheiro; e o carrasco, por não ter obedecido a ordem que lhe fora dada.

Diante de mulheres teimosas, pode-se observar a irritação em que elas se colocam quando se opõem à sua agitação o silêncio e a frieza, sem lhes alimentar o furor. O orador Célio tinha um temperamento extraordinariamente colérico. Ele jantava, um dia, na companhia de um homem conciliador e doce que, para evitar seus acessos, rapidamente concordava com tudo que ele dizia. Não suportando mais que o seu mau-humor ficasse sem alimento, Célio explodiu: "Pelos deuses, negue alguma coisa, para que sejamos dois!" As mulheres a que nos referimos anteriormente, do mesmo

---

[13] PLUTARCO. *Dicts des anciens roys; Dicts notables des Lacedaemoniens* [Dizeres dos reis antigos; Dizeres notáveis dos lacedemônios].

modo, só se irritam para que nos irritemos com elas, seguindo as leis do amor. Fócio, em certa ocasião, frente a alguém que perturbava a sua explanação insultando-o sem cerimônia, apenas se calou, cedendo total liberdade para que o outro esgotasse a sua cólera e, em seguida, continuou o que dizia, no ponto em que havia parado. Não há réplica mais incisiva do que um desprezo desse tipo.

Do personagem mais colérico da França (é sempre um defeito [ser assim], mas relativamente desculpável num militar, pois na prática dessa profissão há certamente ocasiões em que não se pode evitar isso), frequentemente digo que é o homem mais paciente que conheço para refrear sua cólera: ela o sacode com tanta violência e tamanho furor,

> *magno veluti cum flamma sonore*
> *Virgea suggeritur costisundantis aheni,*
> *Exultantque aestu latices; furit intus aquaï*
> *Fumidus atque alte spumis exuberatamnis;*
> *Nec jam se capit unda; volat vapor ater ad auras,*[14]
> [assim como a lenha queimando faz forte barulho sob uma caldeira de bronze e a água ferve sob a ação do calor, a massa líquida, furiosa e fumegante, se agita e transborda; ela não se controla mais e um denso vapor se ergue no ar,]

que ele precisa duramente se conter para moderá-la. Pessoalmente, não vejo paixão à qual eu pudesse empregar tamanho esforço a disfarçar e a ela resistir. Não gostaria de parecer ponderado a preço tão alto. Reparo menos em como ele age do que no quanto lhe custa não agir pior.

Outro personagem se vangloriava comigo da sua moderação e da suavidade do seu comportamento — suavidade, é bem verdade, excepcional. Respondi ser boa coisa, sobretudo para indivíduos de alta posição, como ele, para os quais todos os olhos estão

---

[14] VIRGÍLIO. *Eneida*, v. 462-466.

sempre voltados, mostrar-se aos outros sempre bem calmos, mas que o principal é cuidar de si por dentro, sendo ruim, a meu ver, corroer-se internamente, como eu achava ser o seu caso, para manter essa máscara e aparência externa moderada.

Ao tentar esconder a cólera, acabamos por incorporá-la, como bem diz essa frase de Diógenes a Demóstenes que, temendo ser visto em uma taberna, recuava em seu interior: "Quanto mais recuas para o fundo, mais entras nele."[15]

Digo ser preferível intempestivamente esbofetear seu criado a pôr o próprio equilíbrio em perigo para demonstrar a sábia atitude de que falei; creio ser melhor deixar que vejam minhas paixões do que tentar encobri-las às minhas custas: elas se diluem quando se expõem e se revelam; é melhor que a sua ponta aja externamente e não se dobre contra nós. "*Omnia vitia in aperto leviora sunt; et nunc perniciosissima, cum simulata sanitate subsidunt.*"[16] [Os vícios aparentes são menos malignos; é quando se ocultam sob aparências de saúde que as doenças da alma são mais perniciosas.]

Chamo a atenção daqueles que têm direito de se por em cólera na minha família [dizendo] — que primeiramente economizem a cólera e não a desperdicem à toa, pois isto contraria o seu efeito e o seu peso: a gritaria solta e corriqueira se torna habitual, fazendo com que as pessoas a menosprezem; quando você se serve dela contra um empregado por um roubo cometido, ele não se impressionará mais, pois é a mesma da qual você já se serviu cem vezes por ele ter lavado mal um copo ou ter deixado fora de lugar algum banquinho. Em segundo lugar, que não se irritem a esmo e façam com que a repriménda chegue àquele de quem se queixam, pois em geral gritam antes que ele esteja presente e continuam a gritar um século depois de já terem ido embora, *et secum petulans amentia certat*.[17] [e o desvario fogoso se volta contra si próprio.]

---

[15] DIÓGENES LAERTES. *Diógenes*, VI, 34.

[16] SÊNECA. *Cartas a Lucílio*, LVI. Montaigne condensou o texto de Sêneca.

[17] CLAUDIANO. *Contre Eutrope* [Contra Eutrópio], I, v. 237.

Eles vão contra a própria sombra e causam essa tempestade em um lugar em que ninguém é castigado ou sequer atingido por ela, exceto um ou outro que nada tem a ver, mas é [ferido] pelo alarido das vozes. Recrimino igualmente os que se fazem de valente em suas altercações e se zangam contra qualquer um. Devem-se guardar essas bravatas para um alvo determinado:

> *Mugitus veluti cum prima in proelia taurus*
> *Terrificos ciet atque irasci in cornua tentat*
> *Arboris obnixus trunco, ventosque lacessit*
> *Ictibus, et sparsa ad pugnam proludi arena.*[18]
>
> [Assim como um touro, quando vai pela primeira vez combater, solta mugidos assustadores; na sua raiva experimenta os chifres contra um tronco de árvore, desperdiça no vento seus ataques e preludia a investida espalhando a areia.]

Quando tenho raiva, é da maneira mais intensa, mas também mais breve e menos pública que posso: deixo-me levar, é verdade, mas rápida e violentamente, sem chegar a uma perturbação que me faça lançar de qualquer maneira e sem escolha palavras injuriosas, sem o cuidado de medir bem a direção das minhas lanças para onde possam ferir mais (pois em geral me sirvo apenas da fala). Com isso, meus criados se saem melhor nas grandes ocasiões do que nas pequenas: as pequenas me pegam de surpresa e infelizmente, assim que se toma essa ladeira — pouco importa o que possa ter ocasionado o primeiro impulso —, não há mais como não ir até o fundo; a queda por si mesma se acentua, gera o movimento, se precipita. Nas grandes ocasiões, o que me deixa contente é que os motivos são tão justos que todos esperam o surgimento de uma cólera razoável e consigo contrariar essa expectativa: contraio-me e me preparo contra essas causas. Que são profundamente perturbadoras e ameaçam me levar longe demais, caso eu as seguisse. Com

---

[18] VIRGÍLIO. *Eneida*, XII, v. 103-106.

facilidade evito esse caminho e sou forte o bastante, se me organizo, para afastar o cometimento dessa paixão, por mais violento que seja o motivo. Mas caso me pegue de surpresa e tome conta de mim, facilmente me carrega, por mais tola que seja a causa. Com os que eventualmente entram em atrito comigo, faço o seguinte trato: "Quando sentirem que tomei a dianteira [na cólera], certo ou errado, deixem-me seguir; farei o mesmo na situação inversa." A tempestade só se cria pelo choque das exaltações que normalmente se produzem, uma contra a outra, elas nunca nascem ao mesmo tempo. Basta darmos a cada uma livre curso para ficarmos em paz. Trata-se de uma disposição útil, mas de difícil execução.

Posso também, para manter a ordem da casa, fingir que estou enfurecido, sem realmente estar. À medida que a idade torna meu temperamento mais irritadiço, faço o esforço de me opor a isso e agirei sempre, se puder, sendo o menos possível irascível e difícil, para não haver mais pretexto nem tendência nesse sentido, apesar de ter me visto, até então, entre aqueles que menos se adéquam a tais disposições.

Uma última palavra para concluir este capítulo. Aristóteles diz que às vezes a cólera serve como arma para a virtude e a valentia.[19] É possível. No entanto, os que contradizem essa opinião alegam, de maneira espirituosa, ser uma arma de uso estranho: às outras armas manipulamos e esta nos manipula; não é nossa mão que a conduz, ela é que conduz nossa mão; ela nos controla, nós não a controlamos.

---

[19] ARISTÓTELES. *Ética a Nicômaco*, III, 7.

BIOGRAFIA E CRONOLOGIA DE SÊNECA

Prof. Marcus Reis Pinheiro
Doutor em Filosofia (PUC-Rio),
professor associado do departamento
e do Programa de Pós-Graduação
em Filosofia da UFF

Biografia de Sêneca

Lucio Aneu Sêneca (entre 4 a.C. e 1 a.C - 65 d.C.) teve uma vida bastante conturbada e profundamente mesclada com grandes eventos da história romana. Sêneca foi um homem de múltiplos interesses, e conjugou em si tanto a figura do filósofo quanto a do político. Como a obra de Pierre Hadot[1] salienta muito bem, ser filósofo no mundo romano (e na Antiguidade em geral) era viver de determinada maneira, ter um estilo próprio de vida, converter-se subjetivamente, digamos assim, a certos comprometimentos de conduta e postura. Levando isso em conta, quando se diz que Sêneca é um filósofo, se diz que ele professa determinada visão de mundo e vive de acordo com ela ("[...] que o discurso esteja em harmonia com a vida"[2]). Por outro lado, Sêneca também foi um homem da vida pública, tendo sido um dos mais influentes da política romana, especialmente nos cinco anos da melhor época do império de Nero (o chamado *Quinquennium Neronis*, como veremos). Além de sua vasta obra filosófica, Sêneca também escreveu obras literárias que, na época, devem ter lhe rendido grande fama. Sua vida política como um todo contou com diversos acontecimentos: uma mudança de classe social não muito comum, exílios e retornos, e em sua fase final e de maior destaque, sua vida foi centrada na figura do imperador Nero. Deste, foi tutor e conselheiro, tendo alçado o raro cargo de amigo do imperador (*amici pincipis*) e, por fim, pelo próprio Nero foi ordenado a se matar.

Estranhamente, temos poucas fontes de eventos históricos nos seus próprios textos. Apesar de Sêneca ter escrito tanto sobre ética, indicando terapias regulares e cotidianas, descrito e sugerido formas de vida e exercícios espirituais para lidar com o dia a dia, os fatos externos concretos em que vivia não são tematizados por

---

[1] Uma das mais importantes que temos em português é HADOT, P. *Exercícios Espirituais e Filosofia Antiga*. São Paulo: É Realizações, 2014.

[2] [...] *concordetsermo cum vita*, Carta a Lucílio, 74.4.

sua própria pena. Assim, pelos seus textos, temos pouca informação sobre, por exemplo, o cargo específico que ele ocupava, as pessoas com quem lidava cotidianamente, o mundo concreto em que vivia, impossibilitando uma datação segura da composição de seus escritos. O texto *Sobre a Ira* (*De Ira*), de onde foram retirados os extratos do presente livro, é endereçado ao irmão, ainda chamado de Novato, o que nos fornece mais ou menos uma data limite (*terminus ante quem*), pois este ainda não havia modificado o seu nome para Gálio, o que sabemos já ter ocorrido em 52/53. No entanto, temos uma data segura para o *terminus post quem*, pois há algumas referências claras à ira de Calígula que teria sido morto em janeiro de 41d.C., sendo que o texto só poderia ter sido escrito depois disto. Assim, a datação de nosso texto fica entre 41 e 52, talvez na época de seu exílio em Córsega, como veremos em breve.[3]

Um dos possíveis motivos para essa ausência de particularismos em seus escritos está na própria filosofia estoica que defendia conceder pouca importância aos eventos externos para se alcançar a *vida boa*. Somos felizes por causa do modo como encaramos os fatos e não pelos fatos em si. "As coisas não inquietam os homens, mas as opiniões sobre as coisas", assim professa um lema fundamental do estoicismo, encontrado de modo lapidar na máxima 5 do *Manual de Epicteto*. Devemos ter em mente que os personagens de seus escritos são normalmente pessoas falecidas, pois eles ocupam a posição de *exempla*, isto é, figuras ideais, exemplos a serem seguidos.

Como não há muitos dados históricos em seu próprio texto, as fontes biográficas importantes se encontram fora do *corpus* de Sêneca, especialmente em Tácito, Suetônio e Dio Cassio.[4] Tácito,

---

[3] MONTELEONE, M. "De Ira". In DAMSCHEN, G.; HEIL, A. (orgs.). *Brill's Companion to Seneca: Philosopher and Dramatist*. Leiden: Brill, 2014.

[4] Dois livros modernos são referências para a vida de Sêneca: VEYNE, Paul. *Sêneca e o estoicismo*. São Paulo: Três Estrelas, 2015 e GRIFFIN, M.T. *Seneca: A Philosopher in Politics*. Oxford: Clarendon Press, 1976. A grande maioria das informações aqui apresentada foi retirada desses livros, mas consultamos também a bibliografia básica de Tácito (seus *Anais*, especialmente os livros XIV, XV e XVI), Suetônio, *Vida dos*

no livro XV de seus *Anais*, como veremos ao fim, nos apresenta uma célebre descrição de sua morte.

Passemos, enfim, às informações seguras. Sêneca, também chamado "o Jovem" devido ao fato de ser homônimo de seu pai, foi o segundo de três filhos do casal Marco Aneu Sêneca e Hélvia, sendo seus irmãos Lucio Aneu Novato (o mais velho) e Marco Aneu Mela (caçula, que será pai do jovem poeta Lucano, tendo papel importante nos eventos que levarão à morte de Sêneca). Novato troca o próprio nome para Gálio e aparece nos *Atos dos Apóstolos* julgando o apóstolo Paulo.[5] O pai, também conhecido como Sêneca, o Velho, (ou Sêneca, o Retórico), era de uma família influente de Córdoba (hoje, na região da Andaluzia), onde nasce o nosso Sêneca, o Jovem. Córdoba fazia parte da Hispânia Bética, uma província senatorial do Império Romano, tendo sido conquistada e anexada há praticamente duzentos anos. Córdoba abrigava famílias com a cidadania romana, apesar da mistura com as importantes famílias locais. A cidadania romana era central para quem ambicionava uma carreira política, pois só assim seria possível a participação na vida pública. Vale frisar que o clã dos Aneu, isto é, o pai, os irmãos e sobrinhos de Lucio Aneu Sêneca, terá grande destaque na política romana nas primeiras décadas de nossa era.

Sêneca, o Velho, era de uma família equestre, isto é, da segunda classe social mais alta do Império Romano, sendo a primeira a ordem senatorial, a *ordo senatoris*, de onde provinham, normalmente, os senadores romanos, cargo máximo da política. Os equestres (*ordo equester*, sendo composto por *eques*, isto é, aqueles que possuíam cavalos) tinham certa influência e respeitabilidade no mundo romano, ocupando cargos-chave na administração. No entanto, foram as letras, especialmente sua retórica, que fizeram de

---

doze césares e Dio Cassio, *História Romana*, além da própria obra de Sêneca. Ver também DAMSCHEN, G.; HEIL, A. (orgs.). *Brill's Companion to Seneca: Philosopher and Dramatist*. Leiden: Brill, 2014.

[5] At 18:12-16.

Sêneca célebre. O próprio pai de Sêneca era um devoto estudioso de oratória e cultura literária, e este aspecto era fundamental para alguém ser respeitado como um cidadão romano e galgar ao poder. Pode-se dizer que os romanos eram ávidos por cultura e não se participava da política nem se subia degraus no poder sem uma boa dose de oratória, retórica e conhecimento literário. Este é um dado fundamental para a grande celebridade de Sêneca em sua época.

De modo geral, causa espanto na trajetória política de Sêneca ele ter saído de uma ordem equestre da província e alcançado não só o posto de senador, mas também de *amicus principis*, um dos amigos do imperador. Na época em que esteve próximo a Nero, era, junto a Burrus, praticamente quem governava o império. Deve-se levar em conta que no *cursus honorum*, espécie de carreira profissional da política romana, não era comum que alguém da ordem equestre chegasse ao nível máximo, já que ser senador era reservado para membros da ordem superior, a senatorial. Sêneca também acumulou uma das maiores fortunas de sua época, o que lhe rendeu críticas, como veremos.

O pai de Sêneca provavelmente passou grande parte de sua vida em Roma, tendo o filho o acompanhado desde jovem, especialmente pela influência de uma tia, casada com Gaius Galerius, governador do Egito. Sêneca, o Jovem, se destacou desde cedo nos estudos de retórica, e decepcionou o Velho ao ser convertido para a filosofia, pois seu pai não via com bons olhos os filósofos. Talvez a maior influência de Sêneca tenha sido o filósofo Átalo, e provavelmente este foi o principal responsável por sua conversão à filosofia. Outros filósofos também seriam importantes para Sêneca, especialmente Papirius Fabiano, pertencente à escola de Sextio, com fortes influências do pitagorismo. Estas influências são parte da fonte do ecletismo típico de Sêneca e também de sua curta experiência de vegetarianismo, abandonado após as críticas do pai. No entanto, o principal nome de sua formação parece ser mesmo o de Átalo, pois na carta 108 a Lucílio, Sêneca lhe tece longos elogios, descrevendo o modo de vida do mestre e o estado de entusiasmo pessoal que sentia ao ouvi-lo discursar.

A vida de Sêneca se desenvolve durante os impérios de pelo menos quatro imperadores: Tibério, Calígula, Cláudio e Nero. Sua proximidade do poder está diretamente relacionada aos perigos pelos quais passa. Sua carreira política começa tarde, provavelmente por causa de problemas de saúde, isto é, problemas respiratórios (talvez asma) que o acompanharam durante toda a vida. Só temos notícias de sua entrada em um posto político por volta dos 35 anos, quando ele se torna *questor*. Este é o momento mais importante da formação intelectual de Sêneca, e, desta época, não temos muitas informações.

O fato de lhe ser atribuído o posto de *questor* (uma espécie de cobrador de impostos, primeiro passo no *cursus honorum*), o possibilitou a sentar-se no Senado. Isto proporcionou-lhe a visibilidade que o fez galgar rapidamente ascensão na política romana, ganhando a atenção e consequente raiva de Calígula, que chegou a condená-lo à morte. Foi salvo por uma amante do imperador cujo nome desconhecemos, que afirmava não ser necessário desgastar-se, já que sua saúde o mataria em breve.[6] Nessa época (por volta de 37), Sêneca escreve *Consolação a Marcia*, uma mulher aristocrática que acaba de perder seu filho. Calígula morre em 41 d.C. e Cláudio passa a ser o imperador. Nesse mesmo ano, Sêneca é condenado ao exílio por provável pressão de Messalina,[7] mulher de Cláudio. Sob acusação (provavelmente falsa) de adultério com Julia Livila, irmã mais nova de Calígula, ele foi banido para Córsega, um lugar ermo e semisselvagem, onde permaneceu até 49. Neste ano, consegue retornar pela influência de Agripina, mãe de Nero, para ser tutor deste futuro imperador.

Esses oito anos na Córsega foram importantes para Sêneca, pois apesar da solidão que sentia e da vontade de retornar para Roma,

---

[6] Ver a obra de Dio Cassio, *História de Roma*, 59, 19.

[7] Ver Dio Cassio, 60.8.5.

fez um aprofundamento de seus estudos e redigiu obras relevantes, especialmente a *Consolação a minha mãe Hélvia* e a *Consolação a Políbio*. Neste último texto, encontramos explicitamente sua intenção de voltar a Roma e fica-se com a impressão de que Sêneca deseja agradar ao importante político Políbio, justamente com a esperança de que promova seu retorno. Também devem ser dessa época algumas de suas obras literárias, tão famosas até os dias de hoje. Por toda essa produção, ele ganha grande notoriedade. A escrita para Sêneca foi, nesse período, um modo de continuar a participar, indiretamente, da vida de Roma e de ganhar renome, possibilitando, assim, seu retorno à vida pública.

Após seu retorno do exílio, há mais informações. Esta última parte de sua vida, de 49 até sua morte, em 65, é a mais fecunda e conturbada. Como já dito, foi Julia Agripina Menor, esposa de Cláudio e mãe de Nero, que convenceu o imperador a trazê-lo de volta e nomeá-lo tutor de seu filho. O imperador Cláudio, que já tinha um filho, Britânico, adota Nero, filho de um casamento anterior de sua nova esposa, Agripina. Ela é filha de Germânico e irmã de Calígula, da alta sociedade romana, vista por muitos como uma mulher voluntariosa, violenta e sedutora. Ela tem a clara intenção de ter Nero como o próximo imperador e por isso quer a reputação e a oratória de Sêneca ao seu lado. Nero, com apenas 12 anos no ano de 49, quando do retorno de Sêneca, parece um jovem promissor e bem intencionado, e Sêneca se torna um tutor zeloso de sua educação. Há todo indício de que a própria Agripina articula a morte de Cláudio no ano de 54. Em meio à crise no império pela sucessão, Agripina consegue que Nero seja o próximo imperador e no ano seguinte Britânico é assassinado.

Sabemos que Sêneca escreve um texto sobre a clemência para Nero discursar no Senado logo após sua ascensão como imperador. Provavelmente, o texto que nos sobrou de Sêneca, *De Clementia*, deve conter algo desse discurso. Dessa época, provavelmente também são os escritos para educar Nero, *Sobre Constância do Sábio*, *Sobre Tranquilidade da Alma* e *Sobre Vida Feliz*. Sêneca, junto com Sexto

Afranio Burrus, tem grande influência na administração do império e este é o período que comumente se chama o *Quinquennium Neronis*. Há uma extensa bibliografia[8] sobre quais seriam exatamente esses *cinco anos bons* da administração de Nero, mas é nos primeiros anos, de 54 até 59, que Sêneca tem seu auge político.

De 59 em diante, o império de Nero começa a ter sérios problemas. Nesse ano, Agripina é assassinada por iniciativa do próprio filho Nero, pois ela estava em conflito aberto com Sêneca e Burrus. Tão comprometido estava, Sêneca redige um discurso em defesa de Nero a ser lido no Senado. Este é um dos melhores exemplos do quanto Sêneca assumia a posição de *amicus principis* e por isso recebia duras críticas. Temos, nessa época, outros dois estoicos célebres, Thrasea Petus e Helvidius Priscus, que faziam oposição a Nero e criticavam Sêneca por continuar ao lado do imperador. Em sua defesa, poderíamos especular que, mesmo se ele tivesse a escolha de abandonar Nero, Sêneca poderia fazer melhor para Roma estando ao lado do imperador do que o abandonando. O ponto de inflexão ocorre em 62 com a morte de Burrus, pois a efetiva influência de Sêneca diminui muito. Por ser esta definitivamente a data em que Sêneca perde o poder na administração pública, há especulações sobre o *Quinquennium Neronis* ter sido entre 54 e 59 ou entre 57 e 62.

Sêneca, então, solicita o seu afastamento dos cargos públicos nesse mesmo ano de 62, mas Nero lhe nega, pois sua saída poderia parecer uma falta de confiança no governo do Império. Certamente, em 64, Sêneca não tem mais importantes atividades no governo, quando pede novamente para ser liberado de seus cargos, o que novamente não é aceito. Esta etapa da vida de Sêneca é essencial, tanto por ser a última — em que nosso autor encontra a velhice — quanto por ser uma fase muito produtiva literariamente.

---

[8] Ver, por exemplo, MURRAY, Oswyn. "The 'Quinquennium Neronis' and the Stoics." Historia: *Zeitschrift Für Alte Geschichte*, 14(1), 1965, p. 41-61. Em português, temos, por exemplo, FAVERSANI, F. "*Quinquennium Neronis* e a ideia de um bom governo" in *Phoinix*, vol. 20, nº 1 (2014).

São desta última etapa, entre a morte de Agripina (59) e sua própria morte (65), trabalhos tão diferentes quanto as *Cartas a Lucílio* e as *Questões Naturais*, a primeira, uma obra de ética, com diversos exercícios terapêuticos, e a segunda, uma investigação sobre a natureza, uma *física*.

Assim, em forma de resumo, podemos dizer que teríamos três fases entre os anos 49 e 65, a última e a mais complexa parte de sua vida. Primeiro, enquanto foi tutor de Nero, entre seu retorno do exílio em 49 e 54, ano da morte de Cláudio, Sêneca exercia grande atividade política e social. Por ser o tutor do (possível) futuro imperador, detinha já grande influência no império. Depois, entre os anos 54 e 59 (morte de Agripina), Sêneca encontra o auge de seu poder em meio à política romana. Alguns autores até diriam ser uma espécie de triunvirato o governo de Nero, Sêneca e Burrus. Por fim, há o período entre 59 e 65, em que Sêneca se retira, na medida do possível, da vida pública e se entrega à escrita e à vida contemplativa.

Antes de terminarmos e descrevermos a morte de Sêneca, alguns comentários sobre as críticas que recebeu em vida. Pelos seus escritos em Ética, os cristãos têm certo apreço por Sêneca, tendo até surgido um texto falso de suas correspondências com Paulo.[9] Porém, uma crítica bastante razoável surge bem cedo em sua vida, que ressalta a contradição entre seu acúmulo de bens e sua filosofia estoica, que pregava a vida simples. Importante salientar que a fortuna de Sêneca é uma das maiores do império, chegando a 75 milhões de denários.[10] O nome do detrator principal de Sêneca é Públio Suílio Rufo, e frente ao poder do *amicus principis*, este termina por ser exilado e condenado em 56. Em sua defesa, podemos apresentar trechos da *De Vita Beata* (*Sobre a Vida Feliz*), em que Sêneca afirma que um

---

[9] Vejam, por exemplo, DODSON, J. R.; BRIONES, D. E. *Paul and Seneca in Dialogue*. Leiden: Brill, 2017.

[10] Ver o livro já citado de Veyne, p. 18. Para termos uma ideia dessa quantia, nos diz que os trinta denários oferecidos a Judas para trair Cristo seriam equivalentes a um bom salário mensal.

filósofo até poderia ser rico, caso sua fortuna seja conseguida com justiça e gasta com sabedoria. Em verdade, o mais importante seria a percepção interna do filósofo de distanciamento para com sua fortuna e a certeza de que não seria através dela que conseguiria o que mais almejava, a felicidade.

Vamos, então, ao último capítulo de sua biografia, a sua morte. Trata-se de um dos eventos mais famosos sobre Sêneca, sobre o qual o historiador Tácito[11] provavelmente constrói um acontecimento com requintes de ficção. Certamente, o relato de Tácito procura relacioná-lo à morte gloriosa e impassível de Sócrates, sendo esta escrita pela pena de Platão no diálogo *Fedon*. Ao tratarmos de sua morte, deve-se ter em mente que o enfrentamento da mesma, com serenidade e confiança, é um dos temas mais importantes da filosofia estoica e, consequentemente, um dos temas mais trabalhados por Sêneca.[12] Na medida em que os eventos externos são indiferentes para a vida feliz, a morte, acima de tudo, não seria algo considerado nem um bem nem um mal pelo sábio. Assim, Sêneca teve, no momento de sua morte, a oportunidade de mostrar ao mundo o modo como um sábio alcança o seu fim, seguindo, de sua forma, os passos do grande mestre Sócrates.

No ano de 65, há um atentado contra Nero, do qual participa seu sobrinho, o jovem e famoso poeta Lucano. Tudo leva a crer que Sêneca não estava envolvido, mas surge a oportunidade para Nero se livrar da família dos Aneu. O ardil visava substituir Nero por Caius Calpurnius Piso, e por isso foi chamado de a "Conspiração de Pisão". De acordo com Tácito, Sêneca, que vivia retirado, recebe a ordem de se matar. Solicita, então, que deixem ele refazer seu testamento, o que é negado pelos soldados. Afirma, assim, que o seu verdadeiro legado aos amigos e ao mundo não será sua imensa

---

[11] TÁCITO. *Anais*. Tradução e prólogo de Leonardo Pereira. Rio de Janeiro: Ediouro, 1965, livro XV, p. 60-64.

[12] SÊNECA. *Edificar-se para a morte. Das cartas morais a Lucílio*. Seleção, introdução, tradução e notas de Renata Cazarini de Freitas. Petrópolis: Vozes, 2016.

fortuna, mas a imagem de sua vida, a *imago suae vitae*. Um bem mais valioso é o exemplo (*exemplum*) de virtude e não os supostos bens externos. Vejamos nas palavras de Tácito.

> Impávido, Sêneca reclamou as tábuas do seu testamento e, diante da recusa do centurião, voltou-se para os amigos e disse: "desde que lhe era vedado testemunhar reconhecimento aos seus serviços, deixava-lhes o único bem que então possuía e também o mais precioso, a imagem de sua vida e a lembrança das suas virtudes, das quais guardando a memória, levariam a fama de uma tão constante amizade. Vendo os circundantes em lágrimas, procurou reanimá-los, ora com doçura na linguagem, ora com severidade, perguntando: "Onde [estão] os preceitos da sabedoria, onde [está] o plano de conduta preparado por tantos anos contra a adversidade?" Entretanto, de quem era desconhecida a perversidade de Nero; que outra coisa restava, depois do assassínio da mãe e do irmão, que acrescentar a morte do seu educador e preceptor?[13]

Há algo de lendário na construção dessas palavras, assim como deve haver no *Fedon* de Platão. Mas temos aqui importantes elementos da filosofia estoica e da construção do sábio estoico: ele não se desespera e se lembra dos preceitos treinados e memorizados durante os estudos filosóficos.

O próprio procedimento para concluir a morte, no caso de Sêneca, é mais complexo do que o de Sócrates, que bebe a cicuta e falece. Primeiro, Sêneca tem as suas veias cortadas e espera seu sangue escorrer, mas, talvez por conta de sua idade avançada, o sangue para de jorrar e ele não morre. Toma, depois, um veneno, mas mesmo assim, não chega a falecer. Só então deita-se em uma banheira com água morna para que o sangue não coagule, corta de novo as veias

---

[13] TÁCITO. *Anais*. Tradução e prólogo de Leonardo Pereira. Rio de Janeiro: Ediouro, 1965, livro XV, p. 62.

e chega ao fim. Sua esposa, Pompeia Paulinia, decide acompanhá-lo na morte, mas Nero impede que ela se mate junto a Sêneca, e sua vida é poupada.

Como dissemos no início, a vida de Sêneca, especialmente depois de seu regresso do exílio, em 41, se torna parte central da vida política da sociedade, mas ele nunca perde, pelo menos em seus escritos, a veia filosófica. Ser chamado de filósofo era professar uma forma de viver, e Sêneca procura sempre demonstrar seu empenho em levar uma vida da maneira estoica.

Cronologia de Sêneca

Entre 4 a.C. e 1 a.C. — Nasce Lucio Aneu Sêneca, (o Jovem) na região hoje chamada Córdoba, na província Hispânia Bética, filho de Marco Aneu Sêneca (o Velho) e de Hélvia, tendo por irmão mais velho Lucio Aneu Novato (que depois veio a se chamar Gálio) e Marco Aneu Mela (pai do poeta Lucano).

14 d.C. — Tibério sucede a Augusto como imperador de Roma.

Entre 14 e 19 — Estudos retóricos e filosóficos em Roma.

37 — Calígula sucede a Tibério. Publicação de *Consolação a Márcia*.

39 — É eleito *questor* e começa a frequentar o Senado.

41 — Cláudio sucede a Calígula, e Sêneca é exilado em Córsega.

41-49 — Exílio em Córsega, onde escreve *Consolação a minha mãe Hélvia* e *Consolação a Políbio* e provavelmente algumas tragédias.

49 — Agripina convence Cláudio a trazer de volta Sêneca para ser tutor de Nero, seu filho e enteado de Cláudio, cujo próprio filho, Britânico, era ainda muito jovem.

52 — Paulo de Tarso comparece a um tribunal em que o irmão de Sêneca, Gálio, é o governador.

54 — Morte de Cláudio (a mando de Agripina) e sucessão de Nero. Com 16 anos, Britânico é envenenado em 55.

54-59 — Os cinco bons anos, *Quinquennium Neronis*, em que Burrus e Sêneca tomam a frente da administração do império; Sêneca na qualidade de *amicus principis* (amigo do imperador).

59 — Nero encomenda a morte da mãe, Agripina.

62 — Morte de Burrus e queda drástica da influência de Sêneca no império. Sêneca solicita deixar o cargo de *amicus principis*, mas Nero recusa.

62-63 — Tirania e culto à personalidade de Nero.

64 — Incêndio de Roma. Surge a lenda de que Nero não se importara com o ocorrido. Sêneca solicita novamente ser liberado de suas funções, mas Nero recusa mais uma vez.

65 — Conspiração de Pisão contra Nero. Lucano, poeta famoso e sobrinho de Sêneca, está diretamente envolvido e Sêneca é ordenado a tirar a própria vida.

Conheça os títulos da
Coleção Clássicos para Todos

A Abadia de Northanger – Jane Austen
A arte da guerra – Sun Tzu
A revolução dos bichos – George Orwell
Alexandre e César – Plutarco
Antologia poética – Fernando Pessoa
Apologia de Sócrates – Platão
Auto da Compadecida – Ariano Suassuna
Como manter a calma – Sêneca
Do contrato social – Jean-Jacques Rousseau
Dom Casmurro – Machado de Assis
Feliz Ano Novo – Rubem Fonseca
Frankenstein ou o Prometeu moderno – Mary Shelley
Hamlet – William Shakespeare
Manifesto do Partido Comunista – Karl Marx e Friedrich Engels
Memórias de um sargento de milícias – Manuel Antônio de Almeida
Notas do subsolo & O grande inquisidor – Fiódor Dostoiévski
O albatroz azul – João Ubaldo Ribeiro
O anticristo – Friedrich Nietzsche
O Bem-Amado – Dias Gomes
O livro de cinco anéis – Miyamoto Musashi
O pagador de promessas – Dias Gomes
O Pequeno Príncipe – Antoine de Saint-Exupéry
O príncipe – Nicolau Maquiavel
Poemas escolhidos – Ferreira Gullar
Rei Édipo & Antígona – Sófocles
Romeu e Julieta – William Shakespeare
Sonetos – Camões
Triste fim de Policarpo Quaresma – Lima Barreto
Um teto todo seu – Virginia Woolf
Vestido de noiva – Nelson Rodrigues

Direção editorial
Daniele Cajueiro

Editora responsável
Ana Carla Sousa

Produção editorial
Adriana Torres
Júlia Ribeiro
Laiane Flores
Mariana Bard
Mariana Oliveira

Revisão de tradução
Gabriel Demasi

Revisão
Cristiane Pacanowski
Theo Araújo

Capa
Sérgio Campante

Diagramação
Douglas Kenji Watanabe

Este livro foi impresso em 2022
para a Nova Fronteira.